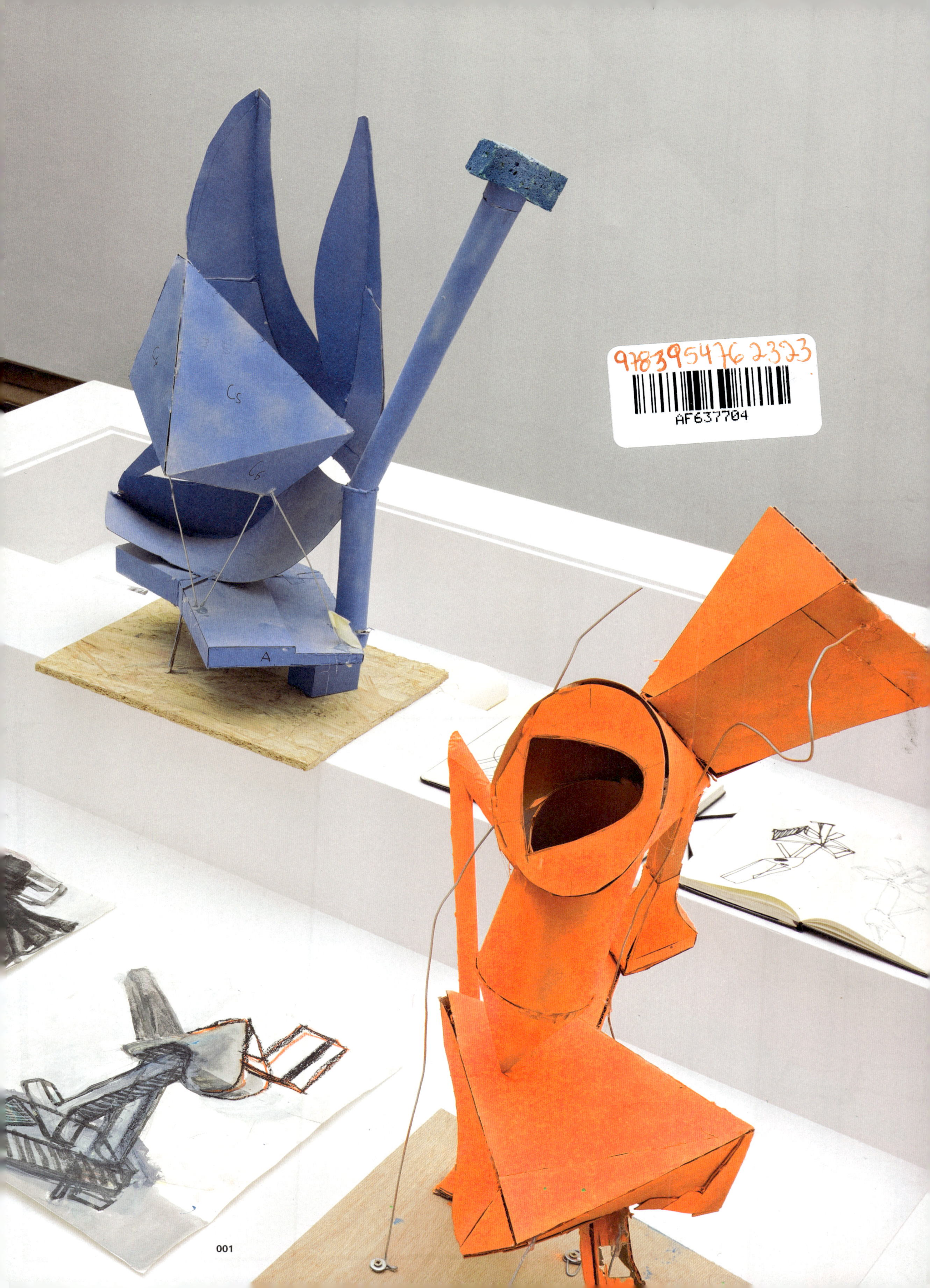

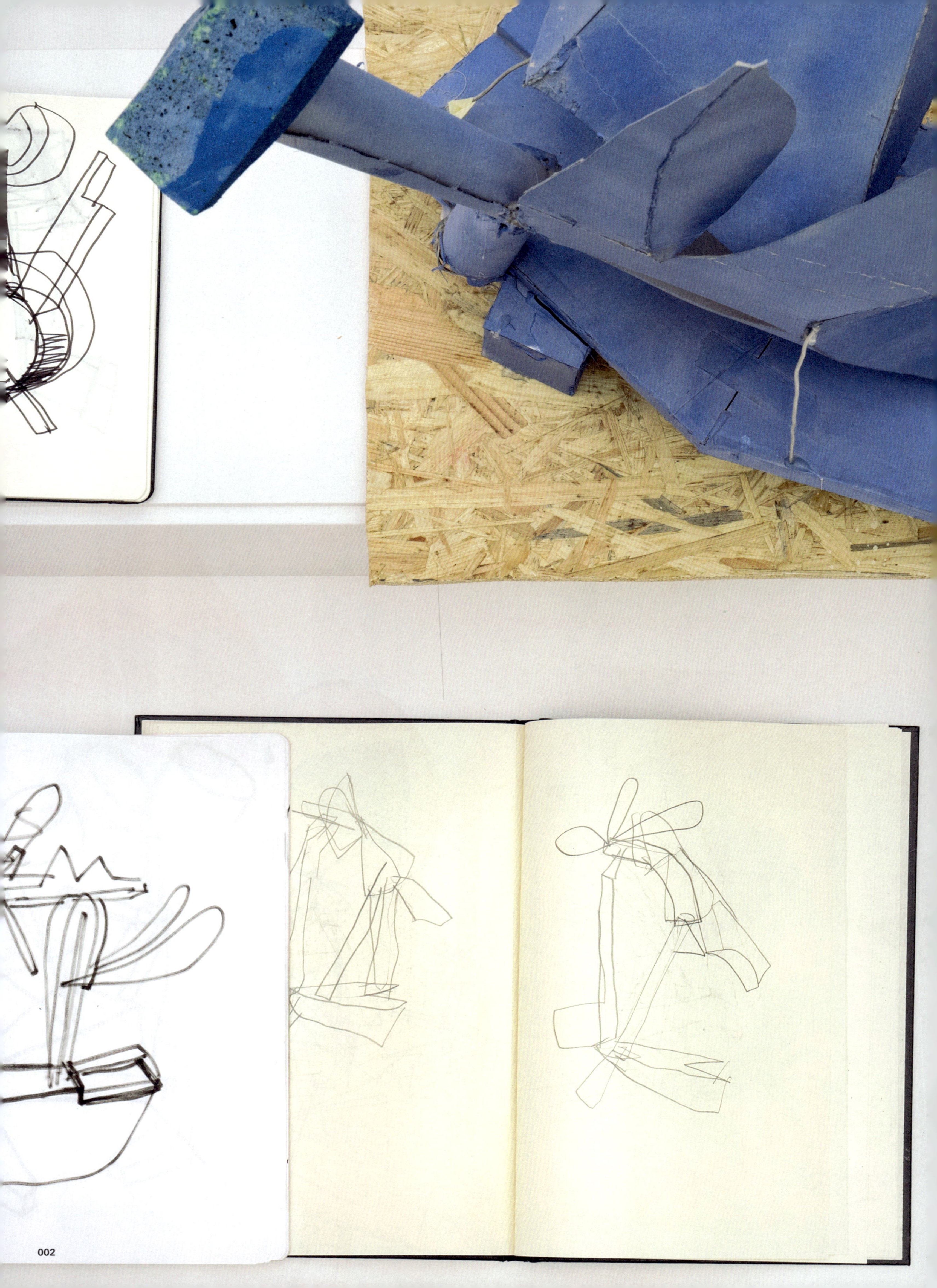

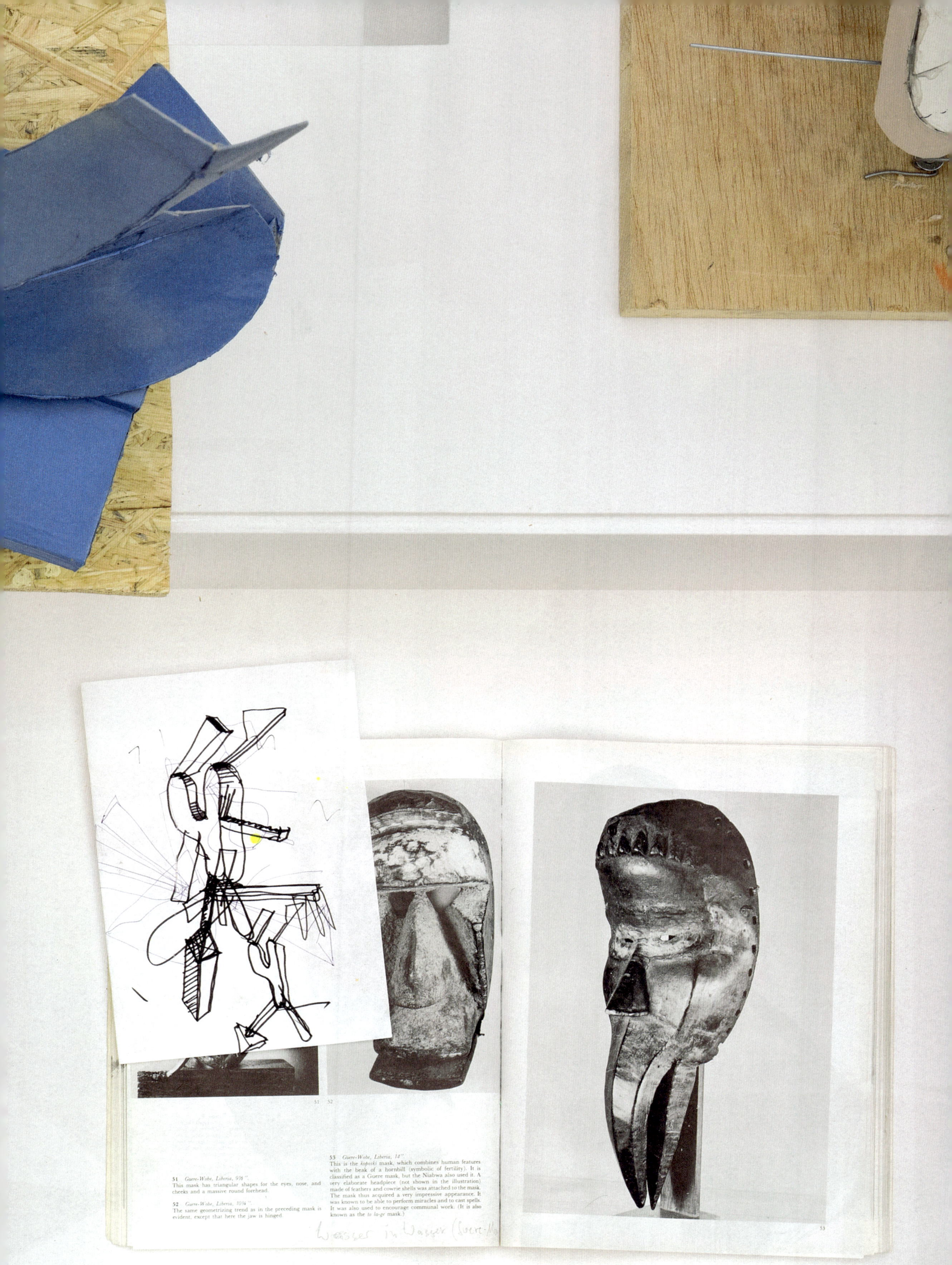
51 Guere-Wobe, Liberia, 9½".
This mask has triangular shapes for the eyes, nose, and cheeks and a massive round forehead.
52 Guere-Wobe, Liberia, 10¼".
The same geometrizing trend as in the preceding mask is evident, except that here the jaw is hinged.
53 Guere-Wobe, Liberia, 14".
This is the koposki mask, which combines human features with the beak of a hornbill (symbolic of fertility). It is classified as a Guere mask, but the Niabwa also used it. A very elaborate headpiece (not shown in the illustration) made of feathers and cowrie shells was attached to the mask. The mask thus acquired a very impressive appearance. It was known to be able to perform miracles and to cast spells. It was also used to encourage communal work. (It is also known as the to la-ge mask.)

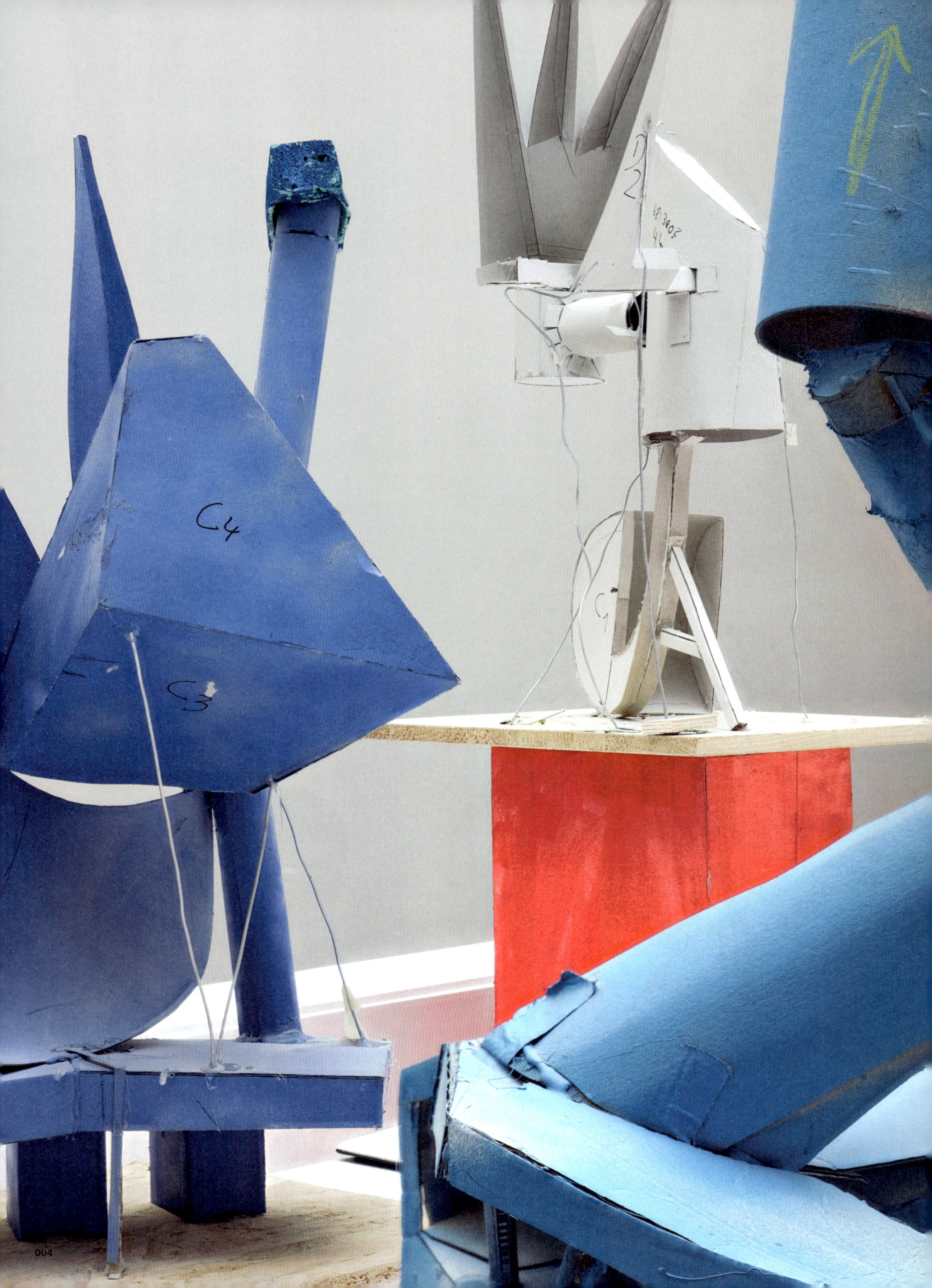
C4
C3

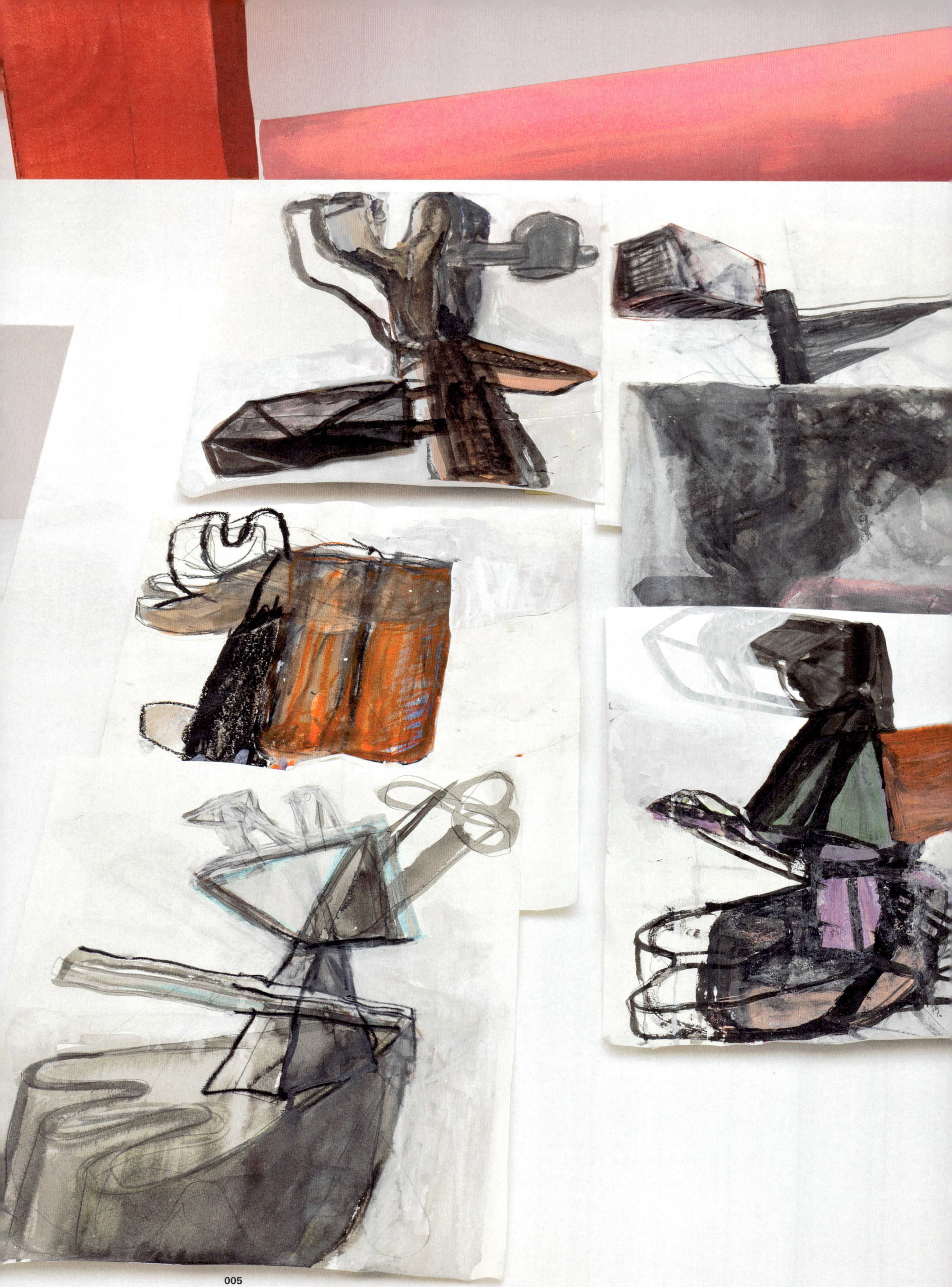

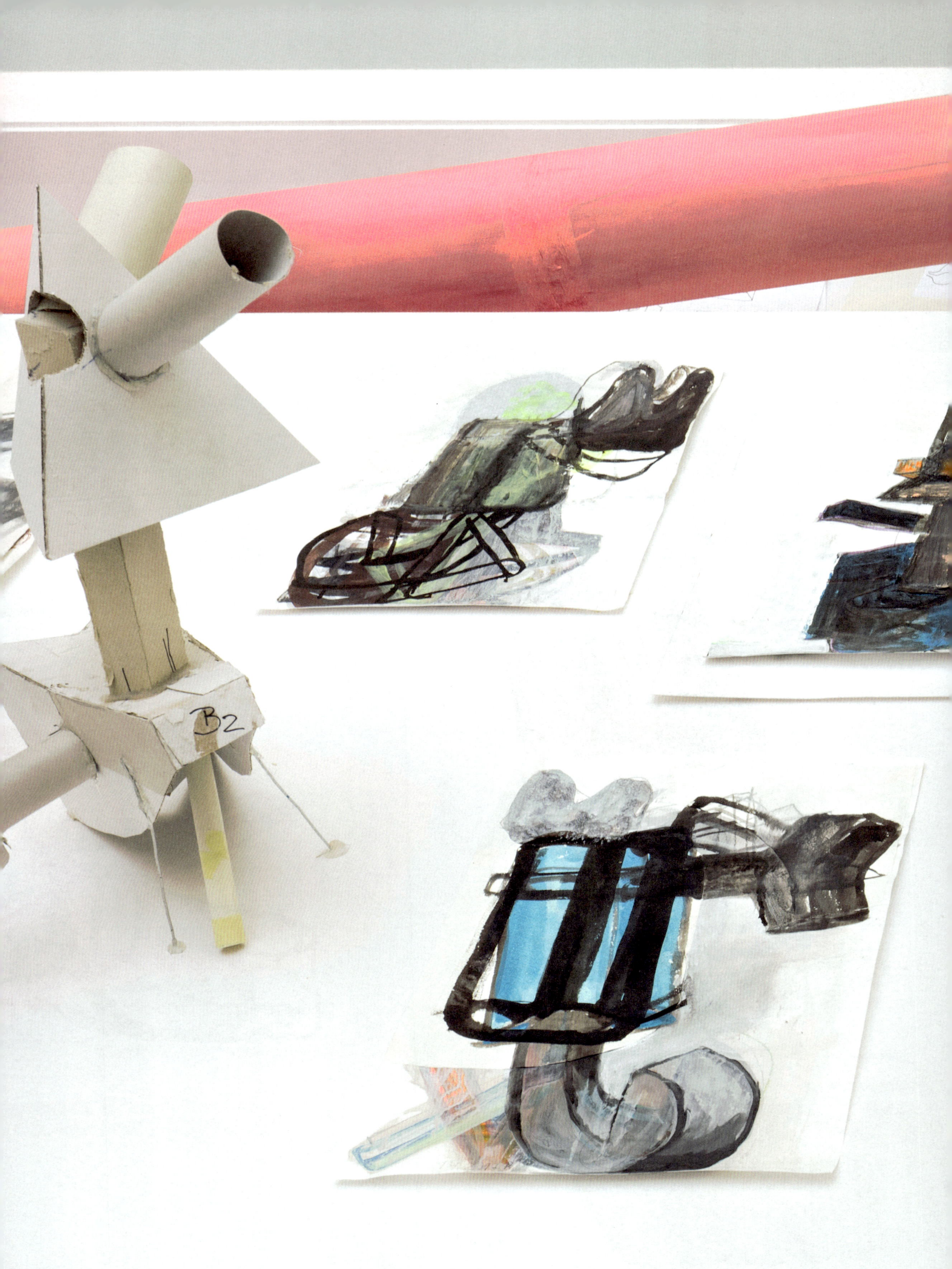
B2

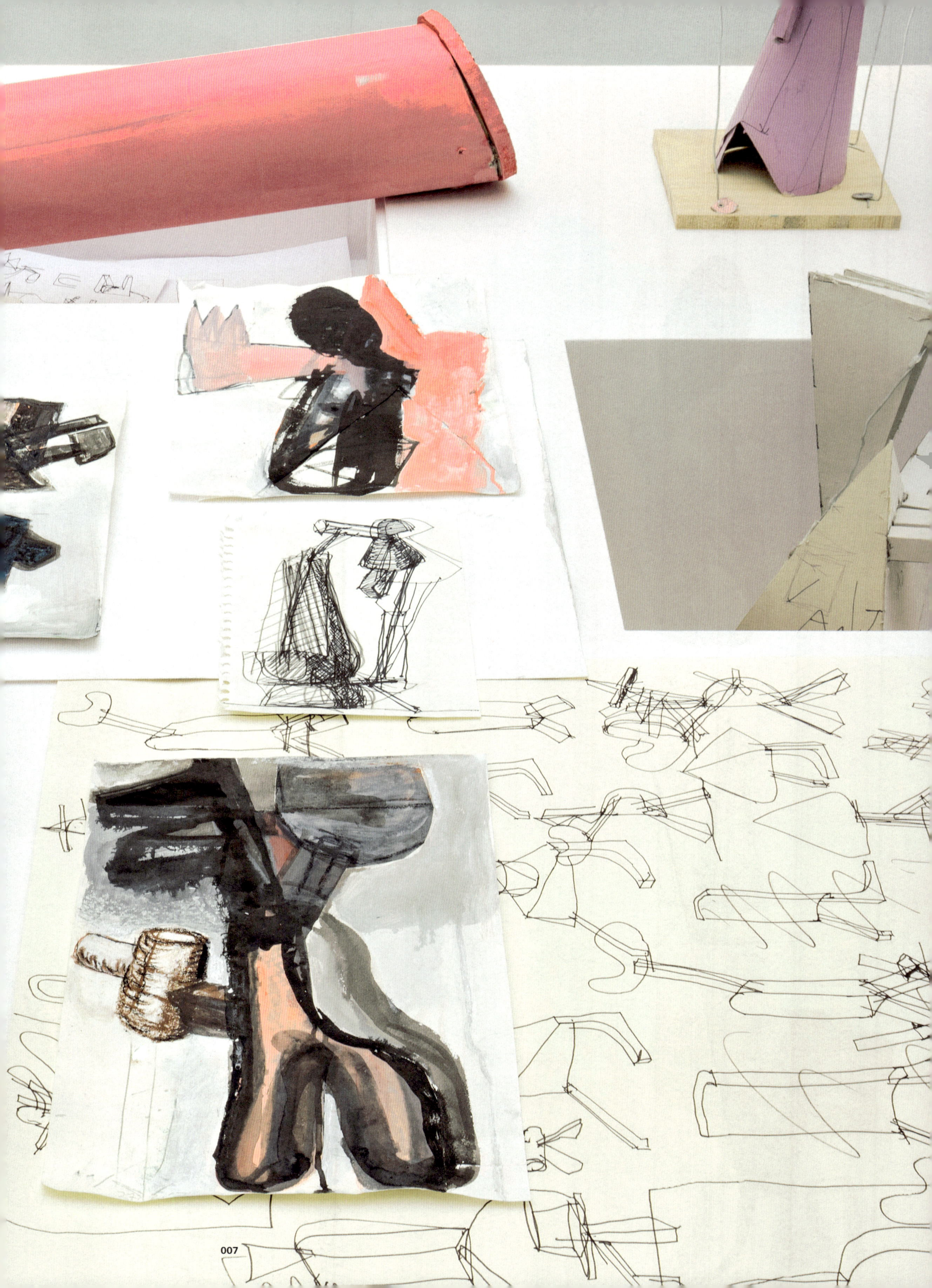

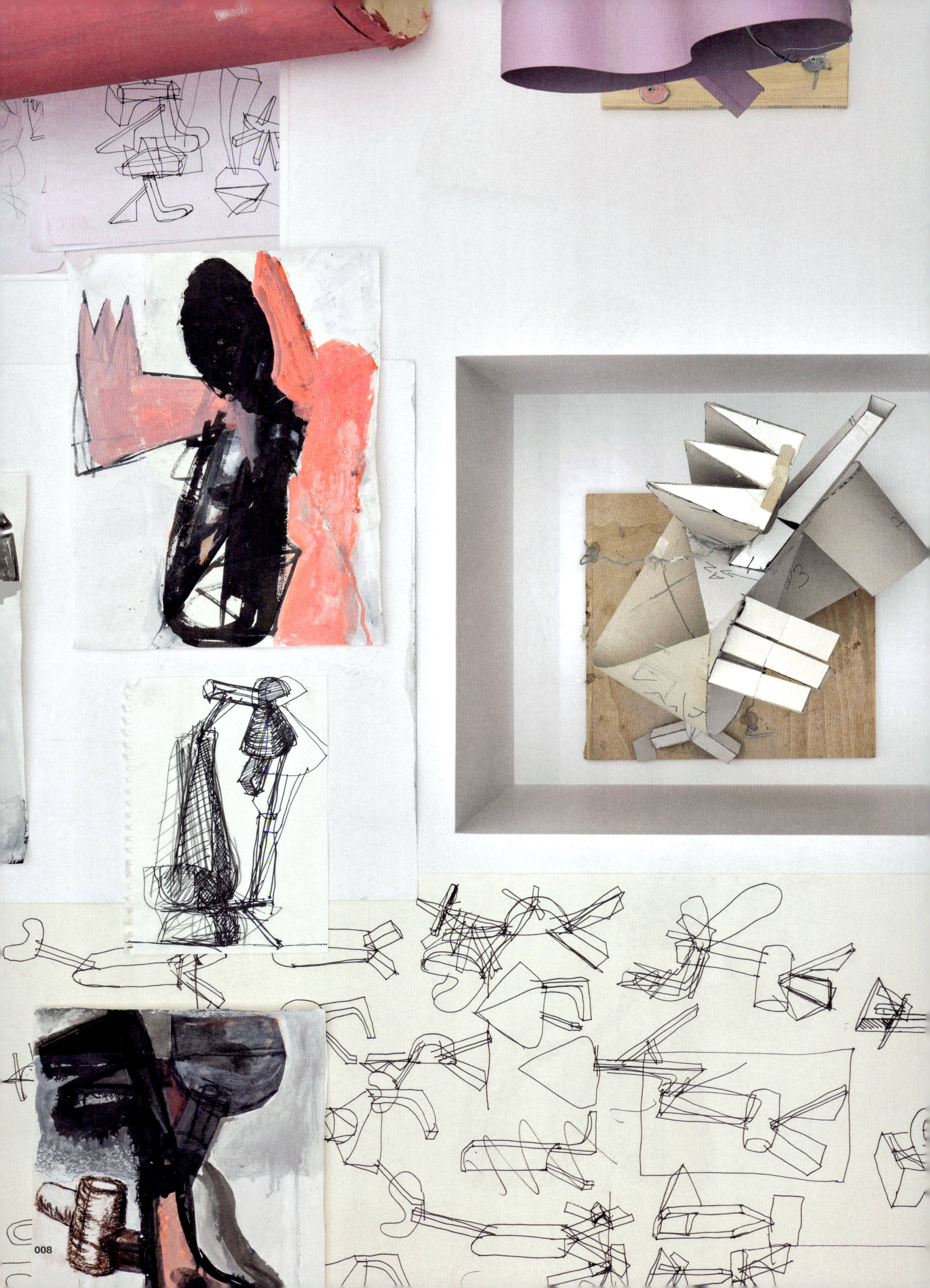

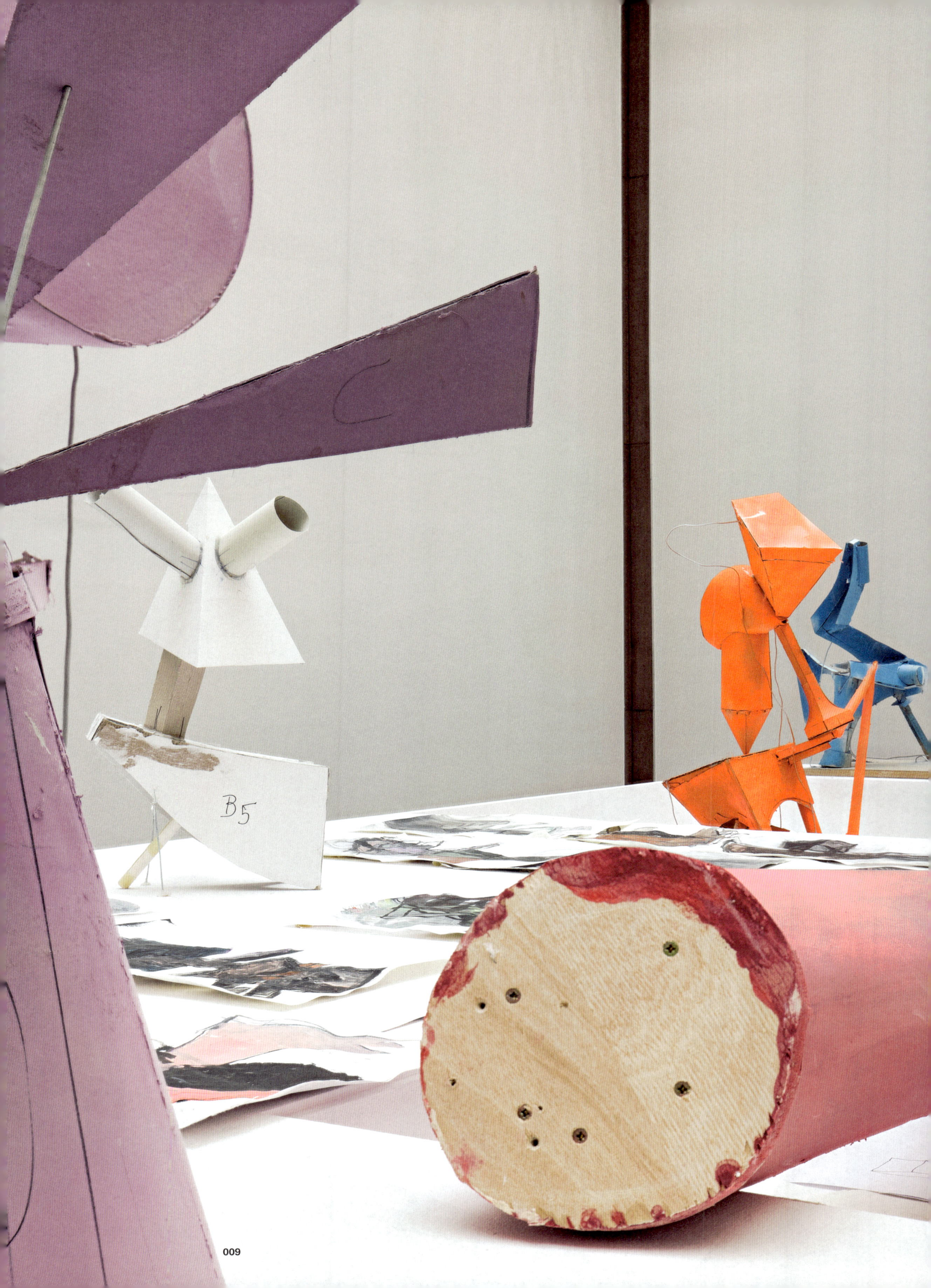
B5

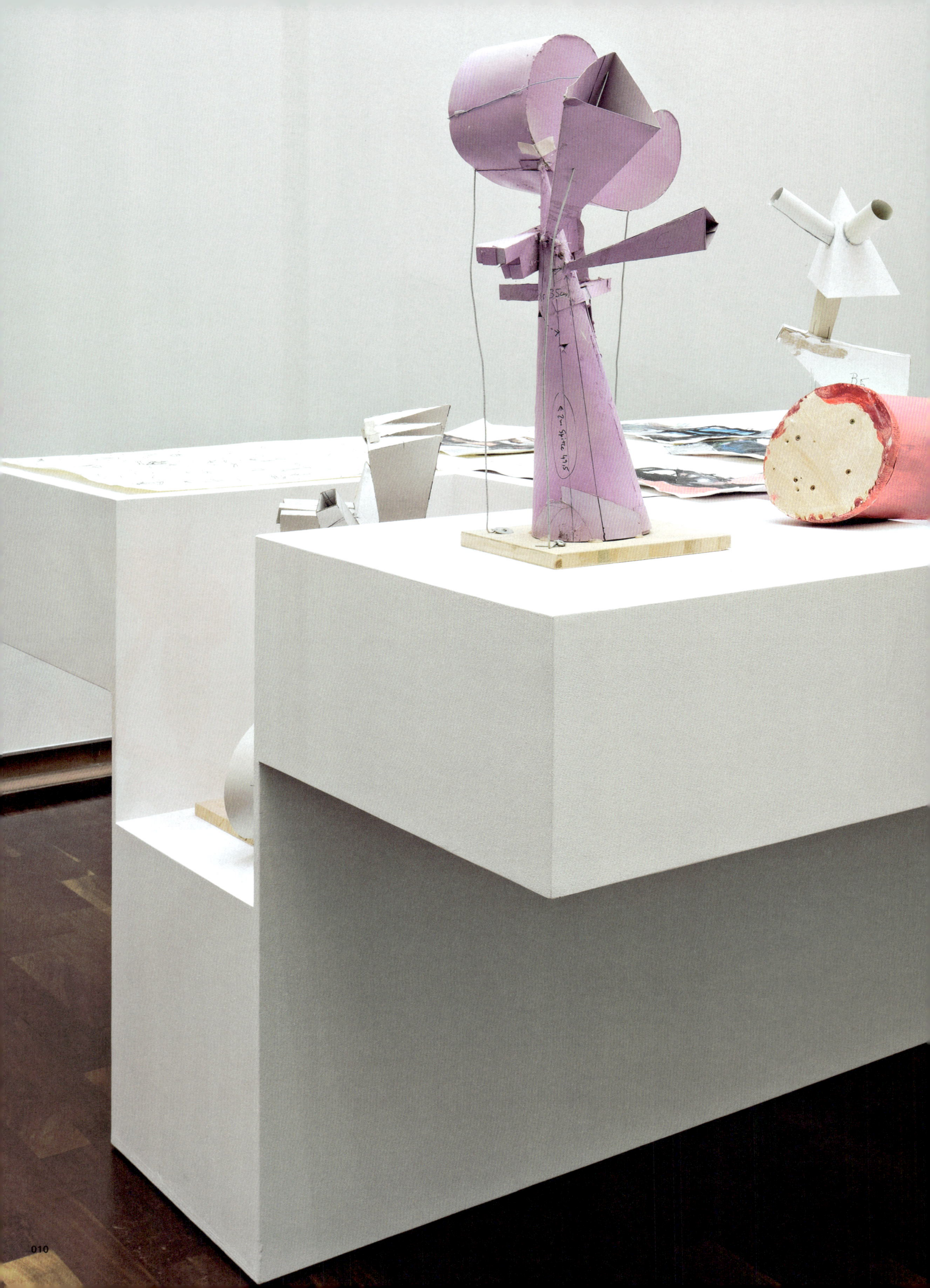

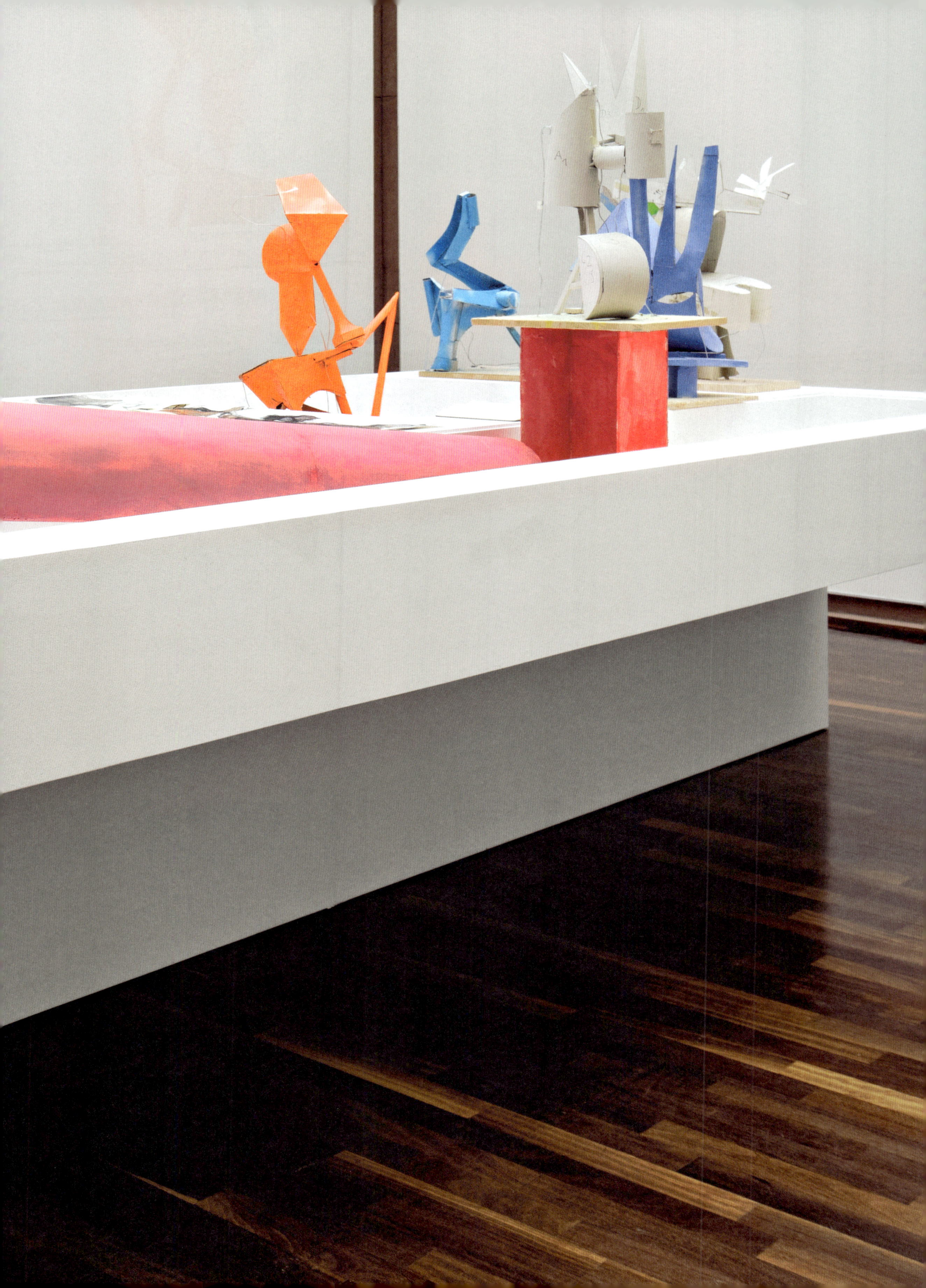

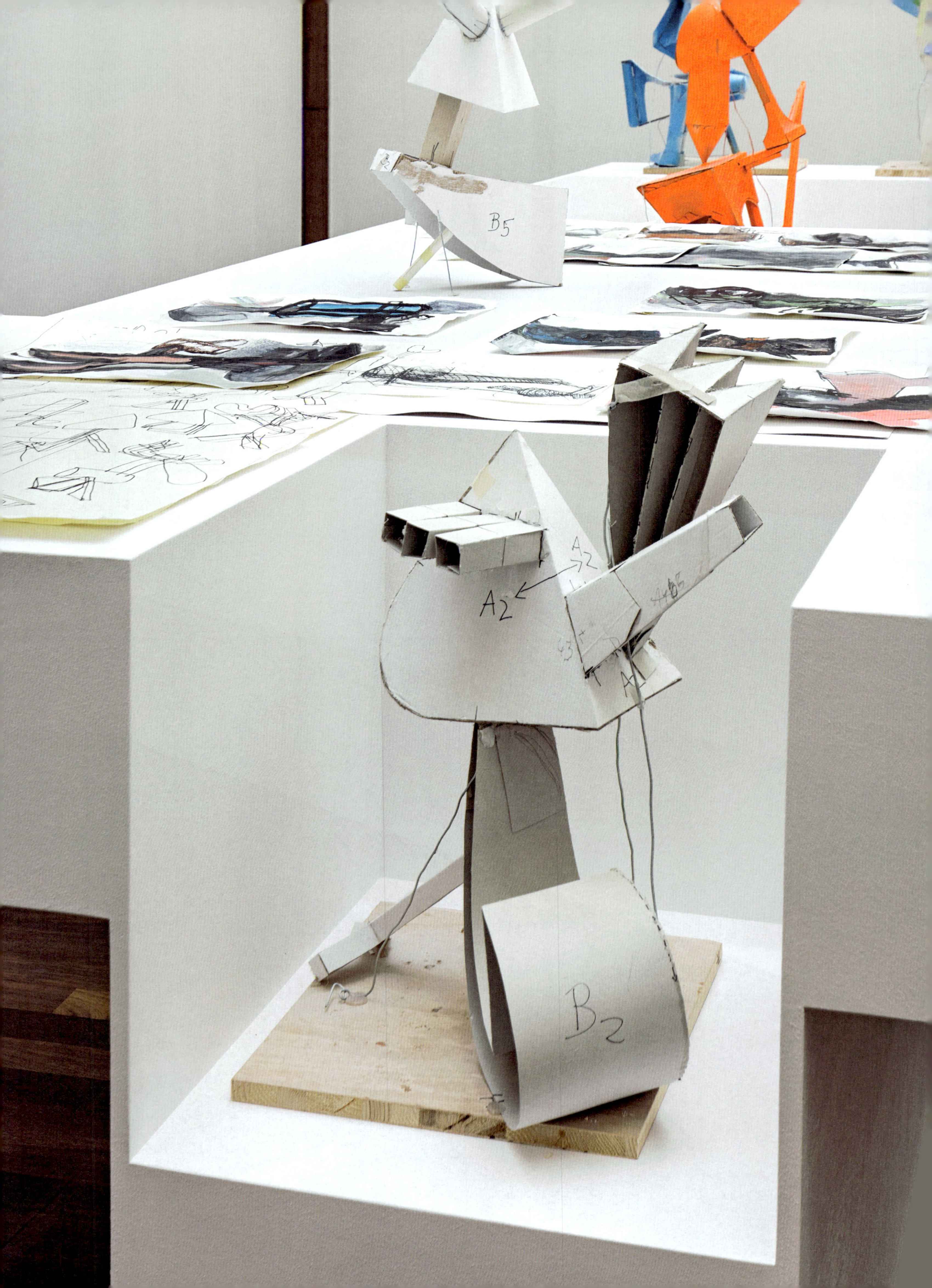
B5
A2
A2
B2

Thomas Kiesewetter Bildhauer

Friedrich Meschede (Hrsg./Ed.)

Kunsthalle Bielefeld

DISTANZ

Skulptur als Existenzform Friedrich Meschede

Thomas Kiesewetter ist mit Skulpturen bekannt geworden, deren dreidimensionale Formen aus gefalteten oder gebogenen Flächen hervorgegangen sind. Diese aus dünnen Blechen erstellten Skulpturen zeugen von einem permanenten Wechselspiel zwischen positiven und negativen Volumen. Der stets nachvollziehbar gehaltene Entstehungsprozess löst beim fachkundigen Betrachten den Begriff des Konstruktivismus aus.
In den neueren Werken von Thomas Kiesewetter sind nun vollplastische Formen Ausgangsmaterial des Erscheinungsbildes einer Skulptur. Der ebenso nachvollziehbare Herstellungsprozess suggeriert nun aber die Vorstellung einer eher additiven Bauweise, um damit eine Methode der Formfindung zu beschreiben. Dieses wird an einem Element einer Skulptur mit dem Titel U sehr gut deutlich, denn diese titelgebende Arp'sche Rundform zeigt deutlich eine Außenhaut aus Blech, das U ist nun aufgefüllt mit einem anderen Material, das dank der farbigen Fassung des Aluminiumgusses seine Identität nicht unmittelbar preisgibt. Wurde Beton aufgefüllt oder Styropor eingesetzt? Wesentlich bleibt, dass das vormalige Wechselspiel zwischen offenen und geschlossenen Volumen aufgegeben wurde zugunsten einer vollplastischen Präsenz der einzelnen Formelemente. Die vormals leeren Teile zeigen nun Momente von Gravität und Masse, die balanciert werden wollen. In der Terminologie klassischer Skulptur bezeichnet man dies als die Ponderation zwischen Stand- und Spielbein. In den Werken von Kiesewetter hat diese Ponderation ihren inneren Schwerpunkt verlagert.
Dieses Umdenken in der Auffassung der neueren Skulpturen bei Thomas Kiesewetter hat Auswirkungen auf die Erscheinungsweise des Ganzen. Waren Teile eines Werkes zuvor eben konstruktiv aufeinander bezogen, um den Eindruck einer vielleicht abstrakten Maschine, einer technoiden Abstraktion zu assoziieren, so wandelt sich die Wahrnehmung hin zu surrealen Assoziationsfeldern zusammengefügter Erzählungen mittels einzelner Elemente, die für sich genommen lesbar sind. So scheint ein Zackenmotiv Pate zu sein für die Arbeit mit dem Titel Prinzessin, ein anderes Werk heißt Hase, wenngleich diese Titel mehr verwirren als zu einer Klärung beitragen, sie markieren einen Wandel. Skulptur wird plötzlich zu einem narrativen Bild. Es wird eine bedeutsame Beobachtung, zu erkennen, dass diese neuen Skulpturen einzelne Volumen additiv zu einem neuen Ganzen zusammenstellen, wobei es einzig in der Entscheidung des Künstlers liegt, zu bestimmen, wann dieses Ganze vollständig oder gar vollendet ist. Der aufrechte Stand des Gesamten hingegen erscheint labiler als zuvor. Die innere Stabilität wird physisch durch die Transformation des Aluminiumgusses garantiert, die bildnerische Labilität wirkt dem psychisch entgegen. Wenn die gegossene Skulptur ins Atelier des Künstlers zurückkommt, wird sie anschließend von ihm farbig gefasst, dadurch werden die unterschiedlichen Teile optisch zusammengehalten. Gleichwohl bewirkt diese vereinheitlichende Farbigkeit die Vorstellung des Verbergenwollens von materieller Identität mit dem Ziel, die Präsenz der gesamten Form deutlicher in den Vordergrund zu stellen. Auch die früheren Werke waren farbig, die neuen Werke scheinen Farbe in sich

zu tragen, als Teil des Materials, nicht als Farbschicht auf dem Material. Jede Skulptur vermittelt dieses Selbstbewusstsein ihres einmaligen physischen Da-Seins im Raum. Sie ist zudem wortwörtlich überhöht durch die Bedeutung des Sockels, auf dem jede Skulptur ihren Platz findet.
Dieses Prinzip hat Thomas Kiesewetter nun für die zentrale Ausstellungsgalerie in der Kunsthalle Bielefeld durchbrochen, indem er nach bildnerischer Vorgabe einiger Werke diese in einem gänzlich anderen, größeren, ja nahezu monumentalen Format für diesen Raum gebaut hat. Die labil aus Holz und Pappe gebauten Werke reichen nahezu bis zur Decke, sie stehen unmittelbar auf dem Boden und wirken im Zusammenspiel untereinander in ihrer direkten Farbigkeit plötzlich wie Requisiten eines Bühnenarrangements. Die anderen Werke sind durch den Sockel als Präsentationsform museal definiert.Vermöge der Konstellation dieser großen Figurationen untereinander und ihre Passagen quer durch die Plastiken im Raum ergibt sich eine andere Partizipation der Betrachter. Sie vermessen die Proportion der Werke beim Durchschreiten der Bühne. Thomas Kiesewetter hat diese fünf Werke für eine temporäre Präsentation geschaffen, weil keine Zuwegung des Museums oder unser Aufzug es ermöglicht hätte, sie in dieser Größe und ausladenden Form in die Kunsthalle zu bringen. Dem zeitlichen Moment der Performance entspricht das Provisorium der Erscheinung dieser Werke, die dann in letzter Konsequenz am Ende der Ausstellung auch wieder zerlegt werden und verschwinden. Kein Novum der Kunstgeschichte, aber eine Haltung gegenüber dem heutigen Kunstmarkt und den Möglichkeiten eines Museums, etwas Großes auf begrenzte Dauer zu zeigen. Skulptur ist unter den Ausdrucksmedien der bildenden Kunst eigentlich das Ausdrucksmittel, Bildwerke für ein Überdauern von Ideen zum Ausdruck zu bringen, sie ist viel zu oft Denkmal. Hier ist sie nun temporär genutzt, um die Leichtigkeit eines Tanzes, eines Bühnenstückes einer nicht zu Ende erzählten Geschichte zum Ausdruck zu bringen. Kiesewetter definiert in diesen Werken Plastik als eine Ausdrucksmöglichkeit instabiler Formverhältnisse. Darin liegt etwas Archaisches verborgen, seine Plastik allein aus der Präsenz ihrer volumetrischen Teile zu bilden, um eben dies zu reflektieren, einen unsicheren Stand, und die Suche nach dem idealen Standpunkt respektive Blickwinkel auf das Werk. Labilität als Bildmetapher ihrer ureigensten Existenz.

Sculpture as a Life Form Friedrich Meschede

Thomas Kiesewetter is well known for sculptures whose three-dimensional shapes emerge out of folded or bent surfaces. These sculptures, made of thin sheet metal, are evidence of a permanent interplay between positive and negative volumes. The constantly visible, imaginable process of creation triggers thoughts of constructivism in expert observers.

In Kiesewetter's newest works, forms that are now fully plastic comprise the material he begins with to produce the outward manifestation of a sculpture. Now, however, the equally imaginable, visible process of manufacture suggests the notion of a rather additive mode of construction used to describe a method for inventing forms. This becomes very obvious in an element of a sculpture titled U, for this eponymous, Arp-like, rounded shape obviously sports an outer skin made of sheet metal; the U is now full of another kind of material whose identity is not immediately evident, thanks to the colorful form of the aluminum cast. Was it concrete, or was it Styrofoam? Essentially, Kiesewetter has given up the prior interplay between open and closed volumes in favor of the full plasticity of individual formal elements. Previously empty parts now display aspects of gravity and mass that want to be balanced. In classic sculptural terminology this is known as the ponderation between the engaged and the free leg. In Kiesewetter's works the ponderation has shifted its internal point of gravity.

This change in the perception of Kiesewetter's most recent sculptures affects the appearance of the whole. Before, the individual elements of a work related to each other constructively, so that the work could be associated with a possibly abstract machine, a technoid abstraction. Now, however, perception is altered; through the means of individual elements, which are legible in their own right, the impression of the work encompasses a surreal field of associated narratives that have been joined together. Thus, a jagged motif seems to act as the model for the piece titled Prinzessin (Princess), while another work is called Hase (Hare), and although these titles contribute more confusion than clarification, they mark a transformation. Sculpture suddenly becomes a narrative image. It is a significant observation, the recognition that these new sculptures unite individual volumes, adding them together to form a new whole, yet it is solely the artist's decision to determine when this whole is complete or finished. On the other hand, the upright state of the whole seems to be more precarious than it was before. Internal stability is physically guaranteed by the transformation of the aluminum cast, but the visual instability counteracts the physical. When the sculpture has been cast and returned to the artist's studio, it is then colored so that the different parts are optically united. Nevertheless, this unifying coloration makes one think that there is a desire to obscure its material identity, with the goal of emphasizing the presence of the entire form. Although the earlier works were colored, the new works seem to carry their color within themselves, as if it were part of the material and not layered on top of it. Each sculpture conveys a sense of awareness of its own unique physical existence in space. Each is literally elevated, owing to the significance of the pedestal upon which every sculpture is placed.

Thomas Kiesewetter has now broken through this principle for the main exhibition gallery in the Kunsthalle Bielefeld, erecting for this space some works based on models in a completely different format, one that is larger, practically monumental. The sculptures, delicately constructed out of wood and cardboard, reach nearly to the ceiling; placed together directly on the floor, the immediacy of their coloration suddenly makes them look like props from a stage setting. Other works are defined as museum pieces, because they are presented on pedestals. It may be that the grouping of these large figurations and their passages straight through the plastics in the space results in a different kind of viewer participation. They gauge the proportion of the works while walking across the stage. Kiesewetter produced these five pieces for a temporary presentation, because none of the museum's entrances or its elevator would allow him to bring them into the Kunsthalle in their current size and expansive form. The temporal aspect of performance corresponds to the provisional appearance of these works, which will ultimately be dismantled at the end of the exhibition, and vanish. This is not an art historical novelty, but reflects an attitude toward the contemporary art market and the museum's potential to show something great for a limited period of time. Among the various expressive media in the visual arts, sculpture is actually a means of articulating the survival of ideas; a sculpture is far too often a monument. Here, sculpture is only used temporarily in order to express the lightness of a dance, or of a play about a never-ending story. In these works Kiesewetter defines sculpture as a way of expressing unstable relationships among forms. Something archaic is concealed in the way his sculpture is constructed solely out of the presence of volumetric elements merely to reflect this—an uncertain stance—and the search for the ideal standpoint or angle for the work. Instability becomes a visual metaphor for their very existence.

Skulptur: das, was alleine steht (oder es versucht). Dominikus Müller

Beginnen wir unten. Bei den Sockeln. Und damit eben nicht direkt bei den Skulpturen von Thomas Kiesewetter, sondern bei deren Träger. Auf den ersten Blick unterscheiden sich die Skulpturen von Kiesewetter (zumindest diejenigen, die in der Kunsthalle Bielefeld unter dem Titel Thomas Kiesewetter – Bildhauer ausgestellt sind) neben Größe, Form, Farbigkeit und Material nämlich nicht zuletzt durch diese Sockel, auf denen sie präsentiert werden. Mal ist ein Sockel gar nicht vorhanden, wie in den fünf übermannshohen, extra für diese Ausstellung entstandenen Skulpturen aus Pappe und Sperrholz, mit denen die Ausstellung eröffnet. Mal ist er ganz klassisch und weiß, wie in einer Serie eher kleiner und einfarbiger Skulpturen von 2016/17, die in Bielefeld in Reihe gestellt über ihren Unterbau auf Augenhöhe gebracht werden.

Zwischen diesen beiden Extremen – kein Sockel und klassischer Sockel – finden sich in der Ausstellung eine Reihe von Variationen: Manche Arbeiten sind nur auf einem leicht erhöhten Podest präsentiert, einem Tablett nicht unähnlich, andere stehen auf einem knallfarbigen, auskragenden und an ein abstrahiertes Säulenkapitell erinnernden Unterbau. Manche der älteren Arbeiten schließlich, etwa Schlange und Tiger (1999) oder Ohne Titel (2000), sind auf Tischen ausgestellt oder auf tischähnlichen Konstruktionen, die recht roh aus ein paar Latten und Brettern zusammengezimmert sind. Und wenn man will, dann kann man auch jene wuchtige Vitrine, die Kiesewetter aus einer vorangegangenen Ausstellung übernahm und nun dazu verwendet, um Skizzen, Modelle und Materialien auszubreiten, als eine Art Sockel begreifen, stehen oben auf dieser Vitrine doch kleine Vorstudien und Miniaturen zwischen all dem anderen zusammengetragenen Material des künstlerischen Prozesses – wie geschrumpfte Skulpturen auf einem überdimensionierten Sockel, einem vorläufigen, zweckentfremdeten und vor Ort gefundenen noch dazu.

Wozu dieser Ausflug ins Untergestell der Skulptur? Warum dieser Umweg? In den Sockeln, so die Vermutung, und im sichtbaren Durchdeklinieren seiner verschiedenen Varianten, verdichtet sich etwas, das Kiesewetters Skulpturen selbst zwar weniger deutlich artikulieren mögen, das für sie aber dennoch von zentraler Bedeutung ist: eine gewisse Prekarität, eine, wenn man so will, absichtliche Selbstverunsicherung, die fortwährende, von Werk zu Werk variierte, aber stets neu angegangene zentrale Frage nach den elementaren Grundbedingungen von Skulptur: Dreidimensionalität, Körperlichkeit, Verhältnis zum Raum. An den Sockeln und dem Umgang mit ihnen verdeutlicht sich dieses beständige Fragen als implizite Thematisierung des Verhältnisses von Ding und Welt, verstanden als Verbindung und Trennung, als Abtasten der Kluft dazwischen.

Es ist dies, ganz buchstäblich, eine Arbeit an der eigenen Verortung, ohne dass es in den Skulpturen selbst allzu direkt angesprochen werden muss.
Kiesewetters Skulpturen derart von unten her aufzuschlüsseln und nachzuvollziehen entspricht zudem einem künstlerischen Vorgehen, das seine Kraft aus dem Material und der Arbeit an ihm zieht, das Konstruktionen schafft, indem es sie langsam, Element für Element, aufbaut, zusammensetzt und ihnen dadurch Form gibt. Stück für Stück wächst eine alleinstehende Figur heraus; ein Körper, aus seinen Einzelteilen verfugt. Das ist ein Vorgehen, das im Grunde organisch funktioniert – und damit doch zu hochgradig abstrakten, letztlich theoretischen Fragen nach dem Status eines Kunstwerkes und dessen Verhältnis zur Welt unter medienspezifischen Gesichtspunkten findet.
Eine Skulptur, als Volumen und Körper, ist – anders als ein Bild – immer schon Teil der Welt. Wo ein Bild erst einmal woanders hin verweist (es muss nicht, aber es macht es doch meist), verweist eine Skulptur immer zunächst einmal auf sich selbst: auf ihre materielle Dinghaftigkeit, ihre körperliche Präsenz. Da ist etwas. Und es steht da, zwischen uns, vor uns, mit uns im Raum. Ihre medial spezifische Bedeutsamkeit bekommt Skulptur von eben diesem Sein in der Welt und dieses nicht von ihrer abbildhaften Repräsentation (diese Dimension kann natürlich dazukommen, ist aber sekundär). Und der Sockel ist eben das Scharnier, das der Skulptur Halt in der Welt verschafft und sie gleichzeitig so weit aus ihr löst, dass sie – immer noch Ding – als etwas Anderes wahrgenommen werden kann, nämlich als Kunst.
In manchen Skulpturen, etwa in einer der großen, direkt auf dem Boden stehenden Papp- und Sperrholzskulpturen – der rosafarbenen namens Wasser im Wasser (Koposki) (2017) –, meint man zum Beispiel eine Art Sockel zu erkennen, der in den Fuß der Skulptur verschoben wurde und damit sehr viel direkter Teil des Kunstwerks ist: eine Plattform auf groben Klötzen, auf der sich ein geschwungenes Gebilde wiederfindet. Innerhalb der Skulptur selbst zeigt sich hier die Teilung von tragender Struktur und getragenem Kunstwerk. Was dem Werk Halt verleiht, ist gleichzeitig es selbst und ist es nicht. Andere Werke, beispielsweise Umgreifen (2017) oder Umgekehrte Transzendenz (2017), ebenso beide Teile der eigens für Bielefeld entstandenen großen Papp- und Sperrholzskulpturen, scheinen dagegen auf Beinen zu stehen oder gar zu laufen. Ihnen ist eine gewisse Dynamik eigen, eine Art Schritt – und damit auch eine deutliche Fragilität, eine vorsichtige Balance. Und doch stehen sie am Ende allein, auf eigenen Füßen.
Dieses Alleine-Stehen ist im Hinblick auf Kiesewetters Skulpturen gleich mehrfach von Bedeutung: zum einen als Frage nach der Dreidimensionalität (zwei Dimensionen stehen nicht von allein im Raum) und dem Volumen. Häufig verwendet Kiesewetter für seine Skulpturen dünne Blechplatten, die zugeschnitten, gebogen und gewunden werden. Eine Fläche – eine Blechplatte – wird dergestalt in die dritte Dimension verformt, dass sie keiner weiteren Unterstützung braucht, um zu stehen. Zum anderen aber heißt Alleine-Stehen auch, trotz oftmals beträchtlicher Größe und Ausdehnung das eigene Gleichgewicht zu halten. Mit ihren manchmal fast kubistisch verdrehten, dynamisch geschwungenen Elementen, den häufigen Auskragungen, mit den nicht selten dünnen Stützen im unteren Drittel und den übermächtigen, fast schon kopfartigen Volumen im oberen, sind Kiesewetters Skulpturen so gesehen oft auch Übungen in Statik. Und schließlich schließt die Frage nach dem Alleine-stehen-Können zu guter Letzt eine Auseinandersetzung mit Selbstgenügsamkeit im Sinne von Autonomie mit ein, wie sie Skulptur als Körper von einer als Zusammenhang von Einzelteilen funktionierenden Installation ebenso scheidet wie von der Verweislogik des Bildes. Eine Skulptur genügt sich, sie ist ihr eigener Körper und zeigt auf dessen Präsenz.
Interessanterweise buchstabieren einige der neueren Skulpturen Kiesewetters dieses Körperliche der Skulptur als mal eher angedeutete, mal deutlich erkennbare Figur – sei es als Schreitende, wie in den oben genannten zwei Beispielen, sei es in einem

Aluminiumguss wie Hase (2017), der tatsächlich so aussieht wie eine leicht abstrahierte, aus einzelnen Elementen zusammengesetzte Version. Mit ihren zu erahnenden Köpfen, Ohren, Beinen wirken solche Skulpturen sehr viel direkter als ein Gegenüber des Menschen – wie etwas vage Ebenbürtiges, sich buchstäblich auf Augenhöhe Befindliches.

Zur Frage, was Skulptur sein kann, gehört in diesem Kontext auch, die immer wieder postulierte Festigkeit und Eignung des Mediums für die Ewigkeit zu thematisieren (so vermessen dieser Ewigkeitsanspruch auch immer war, so hängt er der Skulptur und der Bildhauerei nach wie vor als Geschmack an). Der häufigen Arbeit mit dem Werkstoff Blech mag eine solche bewusste Entwertung schon eingeschrieben sein. In der Ausstellung in Bielefeld rückt diese Baustelle jedoch zusätzlich durch zwei entscheidende, miteinander korrespondierende Setzungen ins Zentrum: die eingangs bereits erwähnten fünf voluminösen, übermannshohen und ausgreifenden Skulpturen aus Sperrholz und Wellpappe, die extra nur für diese Ausstellung und vor Ort in Bielefeld entstanden sind und die danach auch wieder abmontiert werden, und der Vitrinen-Tisch-Sockel, auf dem dazugehörige Vorstudien und Skizzen zu sehen sind. Hier zeigt sich Vorläufigkeit nicht nur im Material und in der bewusst rohen Gestaltung – immer wieder sind auf den großen Skulpturen aufgezeichnete Linien zu sehen, wo noch ein Teil hätte angebaut werden sollen oder können –, sondern auch als konzeptuelle Setzung. Fast wie eine Art Maquetten stehen sie herum, diese Skulpturen – allein die Größe und die Platzierung im Zentrum der Ausstellung bewahrt sie davor, als Vorstudien durchzugehen. Und das heißt: Sie werden als Kunstwerke gezeigt, eben weil sie in einem bestimmten Rahmen und mit einem bestimmten körperlichen Volumen präsentiert werden. Deutlich wird das gerade im Vergleich zu den eindeutig als Vorstudien zu klassifizierenden Modellen auf dem Vitrinentisch im dahinterliegenden Kabinett. Denn in diesem Gegenüber wird nicht etwas Vorläufiges gegen etwas Finales gesetzt, sondern etwas Vorläufiges wird anders präsentiert als etwas anderes Vorläufiges. Die übermannshohen Sperrholz-Pappe-Skulpturen sind als hochskalierte Maquetten weder Vorstudien noch klassische Skulpturen. Sie stehen zwar für sich, aber verweisen doch immer auch auf einen anderen Zustand (und damit ist auch ihre eigene Zerstörung gemeint). Sie sind autonom – und sind es dann doch irgendwie nicht. Skulptur wird so zu etwas Unabgeschlossenem, zu etwas Offenem, nicht zuletzt zu einer Arbeit an einer Idee und ihrer Ausgestaltung. Doch so prekär sie damit sein mag, und das ist der entscheidende Punkt, so bleibt sie dabei aber doch immer Skulptur: ein Körper in einem Raum, zu dem man sich verhalten muss. Und das heißt: Ein Körper, dem man nicht zuletzt, sondern vielmehr zuerst auch selbst körperlich begegnen muss.

Sculpture: What Stands Alone (or Tries to). Dominikus Müller

Let's start at the bottom. With the pedestals. And thus not directly with the sculptures by Thomas Kiesewetter, but with what bears their weight. At first glance Kiesewetter's sculptures (at least those that are on display at the Kunsthalle Bielefeld under the title Thomas Kiesewetter – Sculptor) can be distinguished by their size, form, color, material, and, last but not least, by the pedestals upon which they are presented. Sometimes the base is hidden, so that it is not recognizable at first glance, as it is in one of the five larger-than-life-sized, cardboard and plywood sculptures made especially for this exhibit, which open the show. Sometimes the base is classic and white, like the pedestals in a series of rather small, monochromatic sculptures (2016/17), which, in Bielefeld, are set up in a row at eye level, above their substructures.

In between these two extremes—the invisible pedestal and the classic pedestal—the exhibition features a series of variations. Some of the works are presented on slightly elevated plinths, not unlike a tablet, while others stand on brightly colored, overhanging bases that are like the abstract capitals of a pillar. Finally, some of the older pieces, such as Schlange und Tiger (Snake and tiger, 1999) or Ohne Titel (Untitled, 2000), are displayed on tables or table-like structures roughly knocked together out of a couple of slats and boards. If you will, we can also consider the massive display case from the previous exhibition that Kiesewetter uses; he now spreads out his sketches, models, and materials on top of it, as if it were a kind of pedestal. Small preliminary studies and miniatures stand on top of it, amid all of the other materials assembled through the artistic process, as if they were shrunken sculptures on a supersized pedestal—and a provisional one, to boot, which has been found on site and divorced from its original purpose.

Why this excursion into the substructures of sculpture? Why the detour? Supposedly, something that is of major importance to Kiesewetter's sculptures is condensed inside the pedestals and in the visible way he produces different variations: it is a certain precariousness, a deliberate attempt to destabilize the self, if you will—a continual inquiry into the elementary, fundamental conditions for sculpture. It varies from work to work, but he always approaches this inquiry through new channels: three-dimensionality, physicality, and the relationship to space. Through the pedestals and his artistic treatment of them, this persistent inquiry clearly becomes an implicit discussion of the relationship between thing and world, comprehended through connection and separation, a way of groping around in the gap in between. It is, quite literally, a work working on its own placement.

Decoding and imagining Kiesewetter's sculptures from the bottom up corresponds to an artistic process that draws its power from the material and the work upon it;

he creates constructions by slowly building them, assembling them, shaping them element by element. Piece by piece, an independent figure, a body made up of its individual parts, grows. This is a process that basically functions organically, discovering a path toward highly abstract, ultimately theoretical questions about the status of a work of art and its relationship to the world.

As volume, as body, a sculpture—unlike a painting—has always been part of the world. Whereas a painting at first points somewhere else (it does not have to, but it usually does), a sculpture always initially refers to itself, its material quality as a thing, its physical presence. Something is there. And it stands there, in between us, in front of us, with us in space. At first, sculpture derives the meaning specific to its medium precisely from its existence in the world, and not from a pictorial representation (of course, this dimension can be added, but it is secondary). In the end, a pedestal is the hinge that provides some support to a sculpture in the world, and yet, at the same time, it takes the sculpture so far out of the world that it—still a thing—can be perceived as something else. Sticking with the contrast to the painting and maintaining itself piece by piece, sculpture then opens up to the metaphorical, in the sense that, beyond its physical presence, a certain dimension of intangibility will be exposed without the sculpture ever departing from the physical level.

In some sculptures, such as one of the large cardboard and plywood sculptures standing directly on the floor—the pink one called Wasser in Wasser (Koposki) (Water in water [Koposki], 2017)—one might recognize a kind of pedestal, for example, which has been shifted to the foot of the sculpture and is thus a far more direct part of the artwork: a platform on rough blocks, on top of which is a curved shape. In the sculpture itself can be seen the separation between the supporting structure and the work of art it bears. The work as such is, and simultaneously is not, the thing that lends the piece stability. Other works, such as Umgreifen (Encompass, 2017) or Umgekehrte Transzendenz (Reverse transcendence, 2017)—both parts of the big cardboard and plywood sculptures made especially for Bielefeld—seem to stand on legs, or even walk. They have a certain inherent dynamism, a kind of stride—and hence, an obvious fragility, a careful balance. And yet, in the end they stand alone, on their own feet.

With regard to Kiesewetter's sculptures, this stand-alone quality has several meanings: for one, it is a matter of three-dimensionality (two dimensions cannot stand alone in space) and of volume. Kiesewetter often uses thin plates of sheet metal, which are cut, bent, and twisted. A surface, a piece of sheet metal, is so distorted into three dimensions that it needs no further support in order to stand. Stand-alone, however, also means maintaining balance, despite the sculptures' frequently considerable size and expansion. With their dynamically curved elements skewed in a nearly cubist-like manner, their numerous overhangs and thin supports in the lower third sections, and the overpowering volumes resembling heads in the upper sections, Kiesewetter's sculptures are, from this perspective, often exercises in engineering. Finally, the question of being able to stand alone ultimately includes a confrontation with self-sufficiency, in the sense of autonomy, in the way that they distinguish sculpture as a physical body from sculpture that functions like an installation assembled out of individual parts, or from the referential logic of a painting. A sculpture is sufficient unto itself; it is its own body and indicates its own presence.

Interestingly enough, some of Kiesewetter's newer sculptures spell out this physical quality; sometimes it is only a figure that is only alluded to, and at other times, it is a clearly recognizable one, whether it is striding, like the two examples already mentioned, or is an aluminum cast like Hase (Hare, 2017), which actually looks like a slightly abstract version made up of individual components. With its allusions to heads, ears, and legs, these kinds of sculptures have a far more immediate effect than a human counterpart—like something vaguely equal, something literally situated at eye level.

In this context, the question of what sculpture can be also requires the examination of a theme that repeatedly posits the strength and suitability of the medium for all eternity (as foolish as this claim to immortality was, it continues to be attributed to sculpture). This deliberate kind of devaluation may already be inscribed in Kiesewetter's frequent work with sheet metal. In the Bielefeld show, however, the construction site also shifts into focus through two crucial, mutually corresponding postulations: first, the previously mentioned five voluminous and three-dimensional sculptures made of plywood and corrugated cardboard erected especially on site in Bielefeld for this exhibition, which will later be dismantled—and second, the vitrine-table pedestal, upon which the preliminary studies and sketches for these sculptures are displayed.

Here, impermanence is not only seen in the material and its deliberately rough shape—again and again one can see lines drawn onto the large sculptures, marking where a component could be or should be added—but in the concept, as well. These sculptures stand around, almost as if they were maquettes; only their size and their placement at the center of the exhibition prevents them from being thought of as preliminary studies. This means they are on display as works of art precisely because they are presented within a particular framework, and with a particular physical volume. This becomes clear if they are compared to the models that can be obviously classified as preliminary studies, on display in the case in the small room behind them. For this is not about contrasting something temporary with something final. Rather, the presentation of something temporary is different from the presentation of something else that is also temporary. The towering plywood-cardboard sculptures are large-scale models, not preliminary studies or classic sculptures. Last, but not least, they all have something inherently experiential. And so they are something like actors upon a stage—or, at least, props, things intended for some sort of use. In this sense, these works stand for themselves alone, yet also refer to a different state (by that is meant their own destruction). They are autonomous—and yet, somehow, they are not. Thus, sculpture becomes something unfinished, open, the process of working on an idea and giving shape to it. Yet, as precarious as that may make them—and this is the crucial point—they continue to remain sculpture: a body in space, to which one must react. And that means: a body that one must not physically encounter in the end, but rather, from the start.

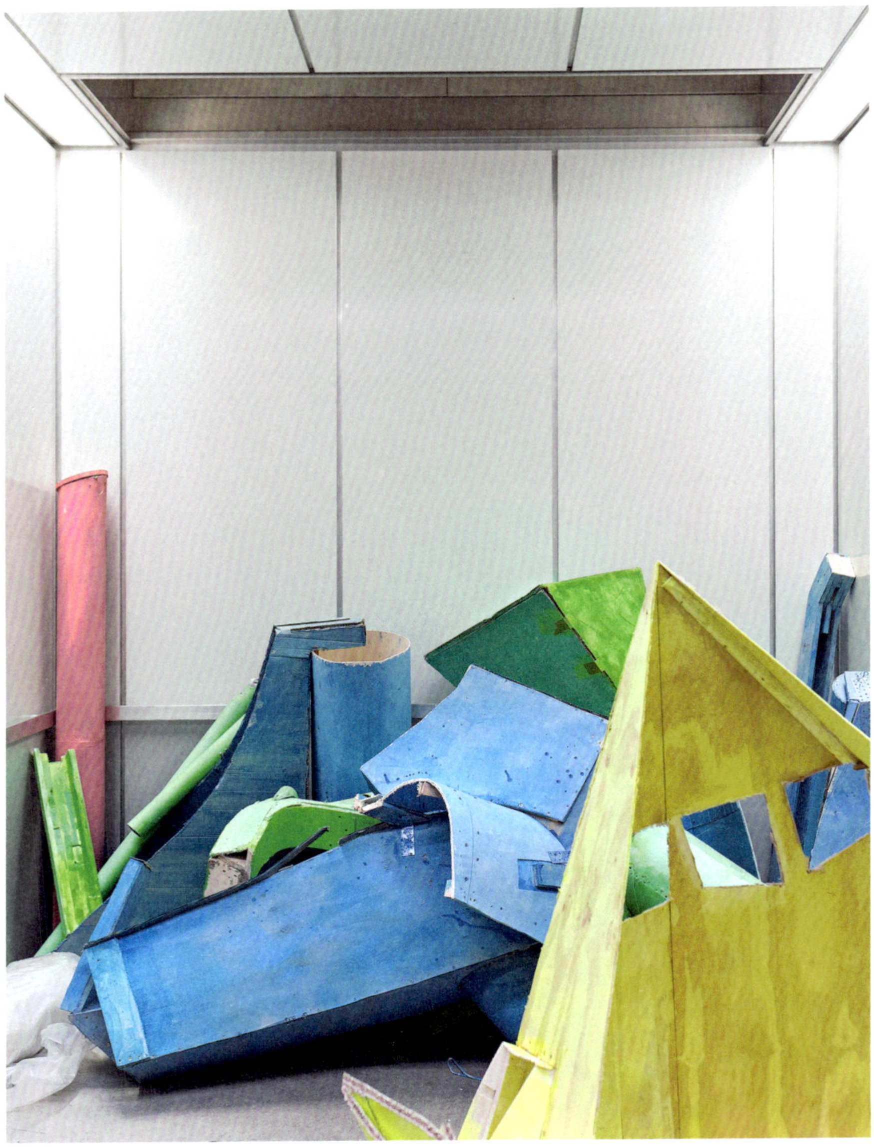

Kunsthalle Bielefeld
Gemeinnützige Betriebsgesellschaft mbH

Gesellschafter / Shareholder:
Stadt Bielefeld, Sparkasse Bielefeld, Kulturstiftung pro Bielefeld
Direktor und Geschäftsführer / Director and CEO:
Dr. Friedrich Meschede
Stellvertretende Direktorin / Deputy Director:
Dr. Jutta Hülsewig-Johnen
Verwaltungsleitung / Head of Administration:
Thomas Kosfeld
Kuratorin / Curator:
Dr. Henrike Mund
Wissenschaftliches Volontariat / Trainee:
Nils Emmerichs M. A.
Registrar:
Hannelore Wahl
Presse, Öffentlichkeitsarbeit, Marketing / Public Relations, Marketing:
Anne Kaestner M. A.
Bildung und Vermittlung / Education and Mediation:
Matthias Albrecht M. A., Christiane Lutterkort M. A.
Internet:
Matthias Albrecht M. A.
Haus- und Museumstechnik / Technicians:
Viktor Breivogel, Ingo Bustorf, Rüdiger Freund, Gunther Grabe, Fred Rabe, Robert Schlotter, Waldemar Schulz
Bibliothek und Museumsshop / Library and Shop:
Tania Müller
Restauratorische Betreuung / Conservation and Restoration:
Dr. Marie Althöfer (Düsseldorf), Petra Bachmann (Bonn)
Empfang / Reception:
Susanne Esdar, Petra tom Felde
Aufsicht / Guards:
Petra Göke, Bärbel Schütt, Anja Stetzelberg
Mit / With:
Hellmuth Bachmann, Merisha Berita, Gerd Deutschmann, Beate Eaton, Birgit Freund, Petra Halgmann, Birgit Hollmann, Hans-Peter Jenkner, Evelyn Nolte, Florentine Pahl, Jana Roitmann, Roswitha Schwedt, Tabea Katharina Siekmann, Gabriele Stichling, Renate Waltersdorf
Team Vermittlung / Tour Guides:
Anke Brandt, Klaus-Dieter Braun, Klaudia Defort-Meya, Ute Dohrmann, Karola Eisenblätter, Maria Ferreira-Obenhaus, Rike Goll, Regine Höweler M. A., Gregor Lübbert M. A., Nele Oelschläger M. A., Hülya Oranli, Kema Pecht, Lars Rosenbohm, Nejla Sama, Anke Schliemann M. A., Inga v. Schultzendorff-Engeling, Brigitte Sonntag, Sabrina Riekschnitz, Angela Terbrack M. A., Ute Unterlöhner M. A.

Förderkreis Kunsthalle Bielefeld e. V.
Vorsitzender des Vorstandes / Chairman:
Dr. Günter Küppers

Kunsthalle Bielefeld, Artur-Ladebeck-Straße 5, 33602 Bielefeld
0521 32999500
www.kunsthalle-bielefeld.de

Die Publikation erscheint anlässlich der Ausstellung/
This catalogue is published on the occasion of the exhibition:
Thomas Kiesewetter Bildhauer, Kunsthalle Bielefeld,
2. September bis 22. Oktober 2017/September 2nd to October 22nd, 2017

Leihgeber/Lenders:
Sammlung zeitgenössischer Kunst der Bundesrepublik Deutschland
Sammlung Böhm, Berlin
Sammlung Jochum/Rodgers, Berlin
Sammlung Kröger, Berlin
Sammlung Philara, Düsseldorf
Sammlung Soukup, Berlin
Sammlung Wannenmacher, Bielefeld
Sammlung zu Hohenlohe, Berlin

Dank/Acknowledgements:
Jean Lee-Kiesewetter
Ruben Lee-Kiesewetter
Nils Emmerichs
Sabine Knust
Anselm Reyle
Thorsten Knaak
Nancy und/and Meir Minsky
Sebastian Soukup
Christiane Schmitz und/and Christian Bauschke
Susanne und/and Boris Stoffel

Herausgegeber und Kurator/Editor and Curator:
Friedrich Meschede
Kuratorische Assistenz/Curatorial Assistant:
Nils Emmerichs
Redaktion und Korrektorat/Editing and Proofreading:
Matthias Albrecht, Nils Emmerichs, Christiane Lutterkort
Fotos/Photos:
Philipp Ottendörfer, Zürich
Lithografie/Image Editing:
hausstaetter herstellung, Berlin
Gestaltung/Design:
strobo B M (Friederich, Hinterholzer, von Klier)
Produktion/Production Management:
DISTANZ
Gesamtherstellung/Printing and Binding:
Gutenberg Beuys Feindruckerei GmbH, Langenhagen

Vertrieb/Distribution:
edel Germany GmbH, www.edel.com, distanz@edel.com
Erschienen im/Published by:
DISTANZ Verlag, www.distanz.de

ISBN 978-3-95476-232-3
Printed in Germany

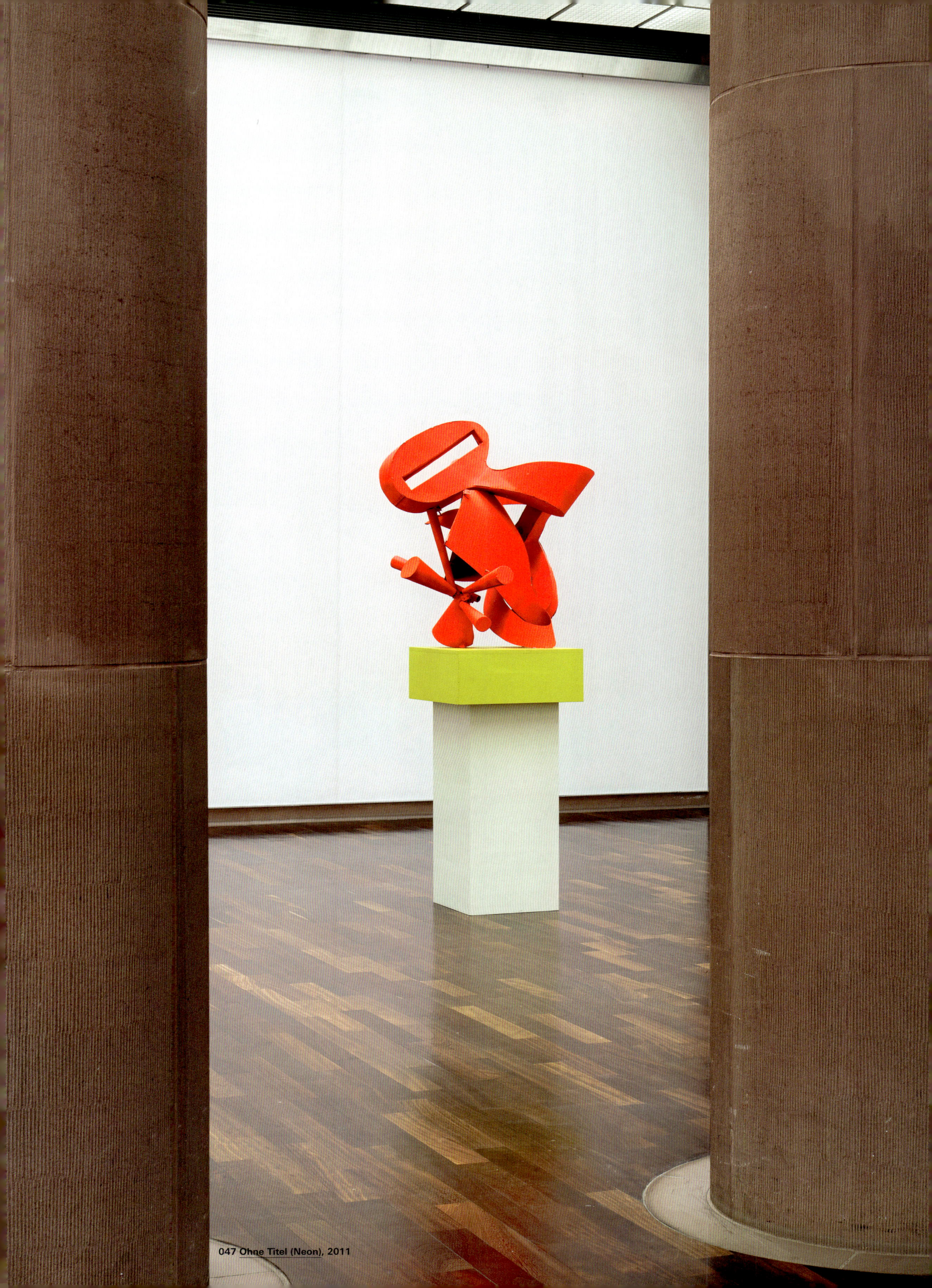

047 Ohne Titel (Neon), 2011

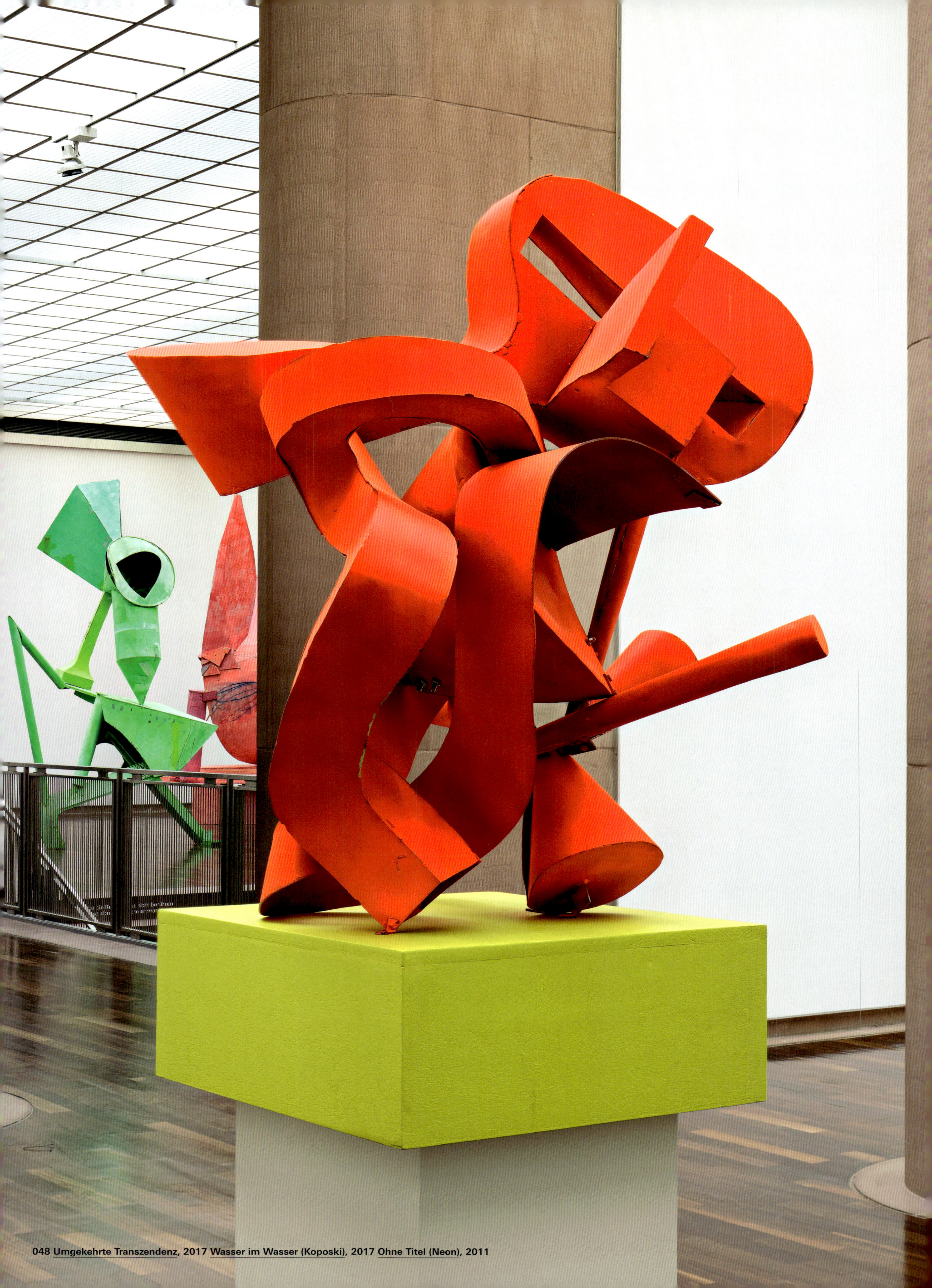

048 Umgekehrte Transzendenz, 2017 Wasser im Wasser (Koposki), 2017 Ohne Titel (Neon), 2011

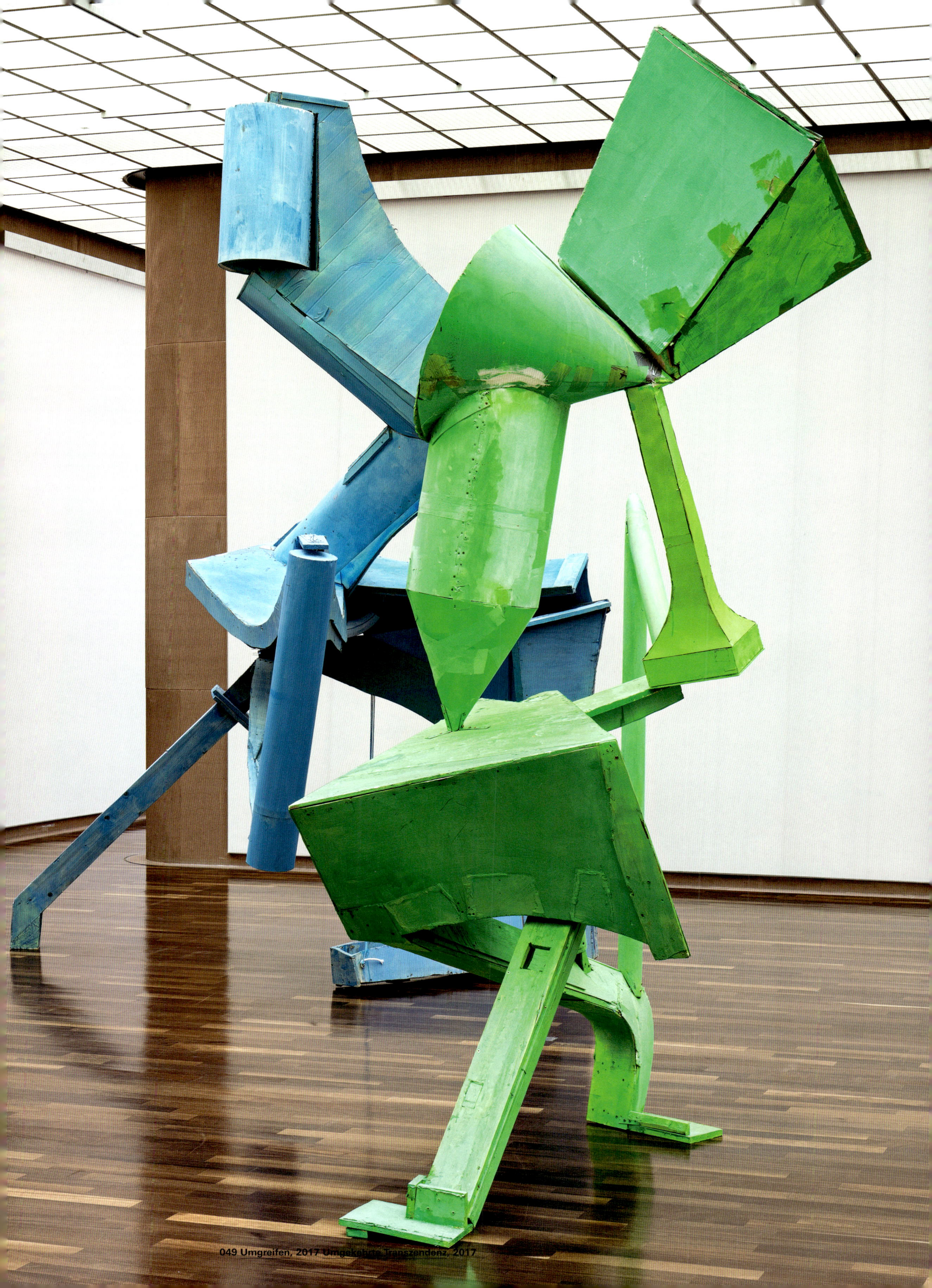

049 Umgreifen, 2017 Umgekehrte Transzendenz, 2017

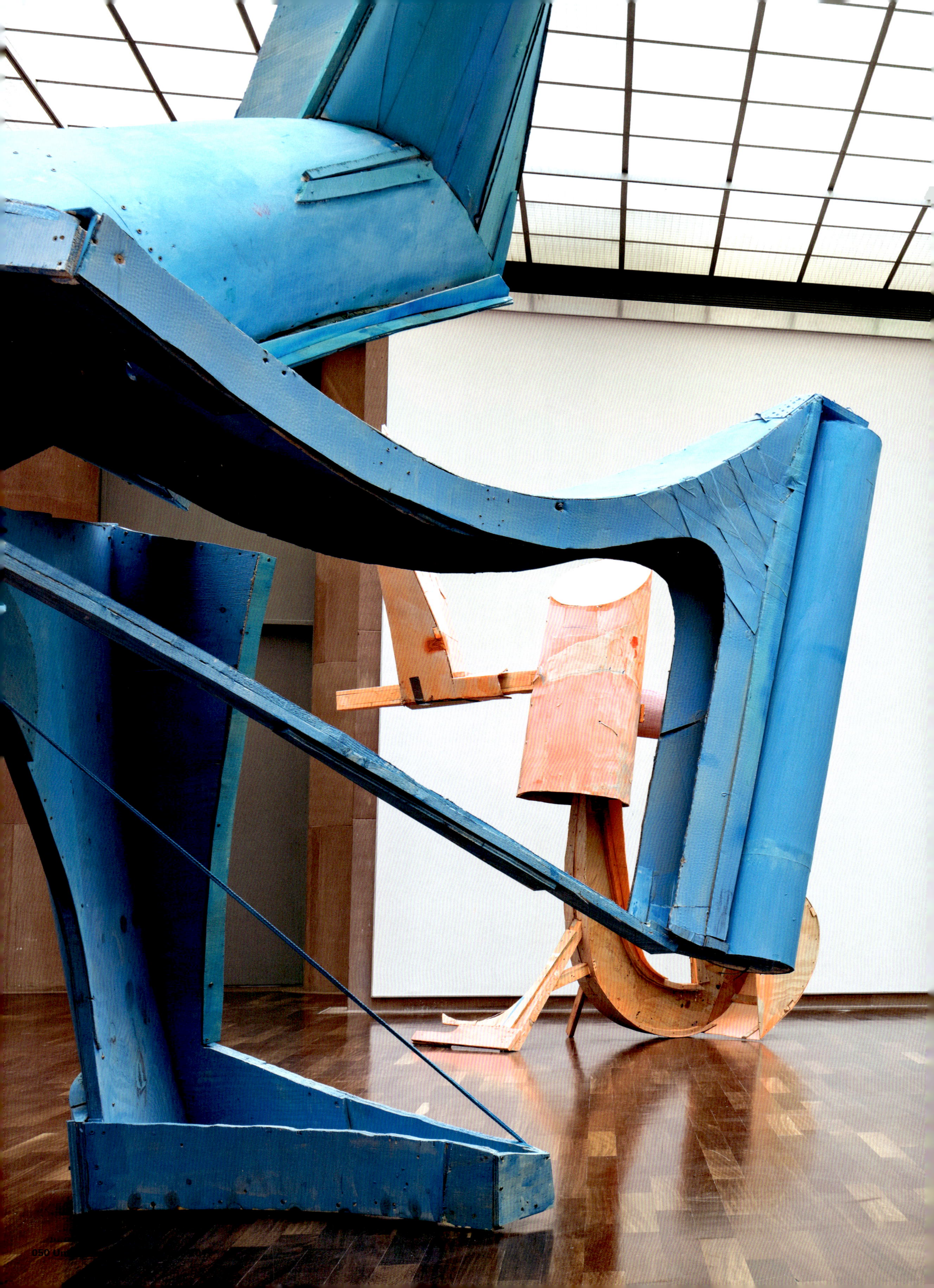

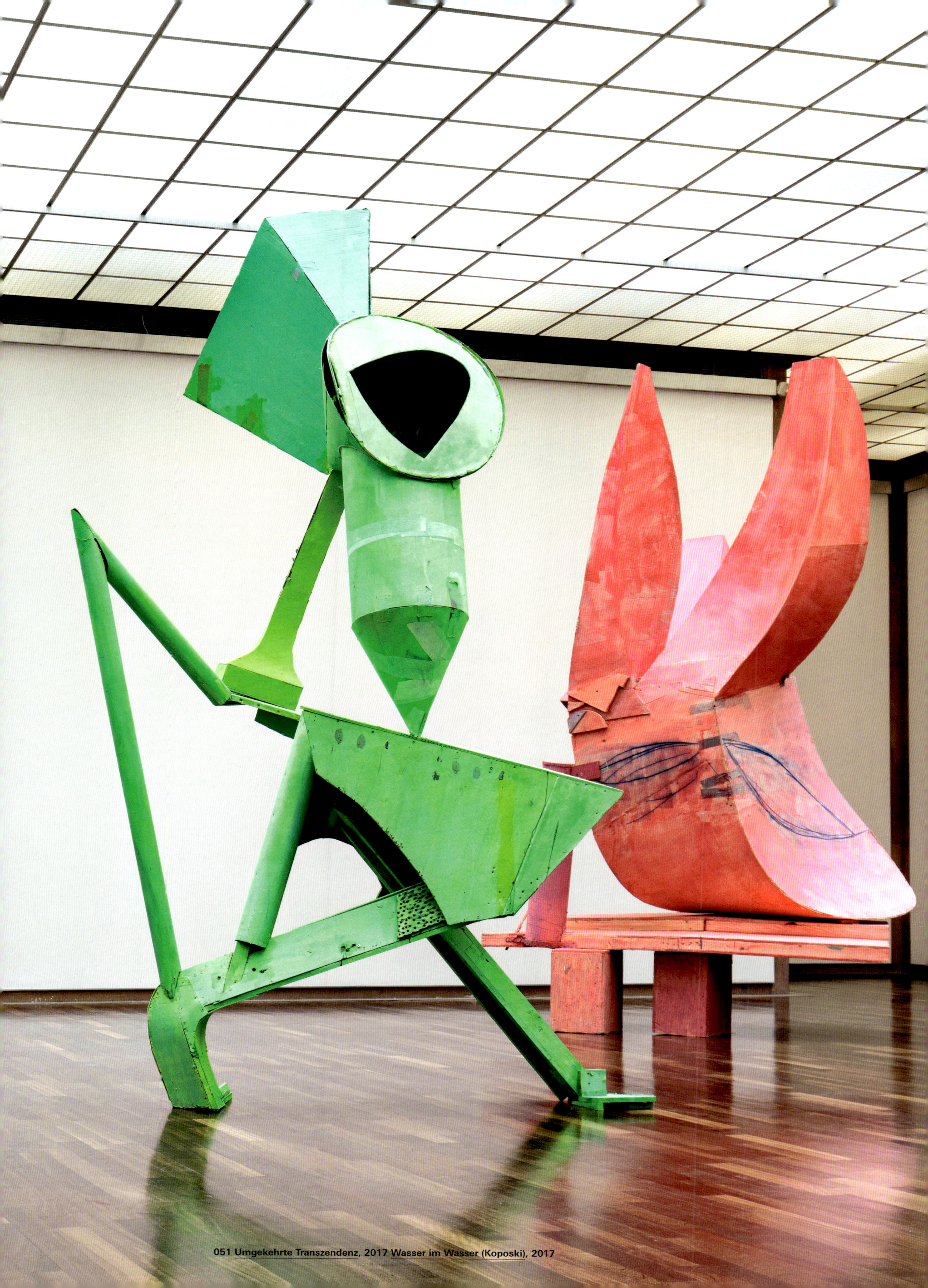

051 Umgekehrte Transzendenz, 2017 Wasser im Wasser (Koposki), 2017

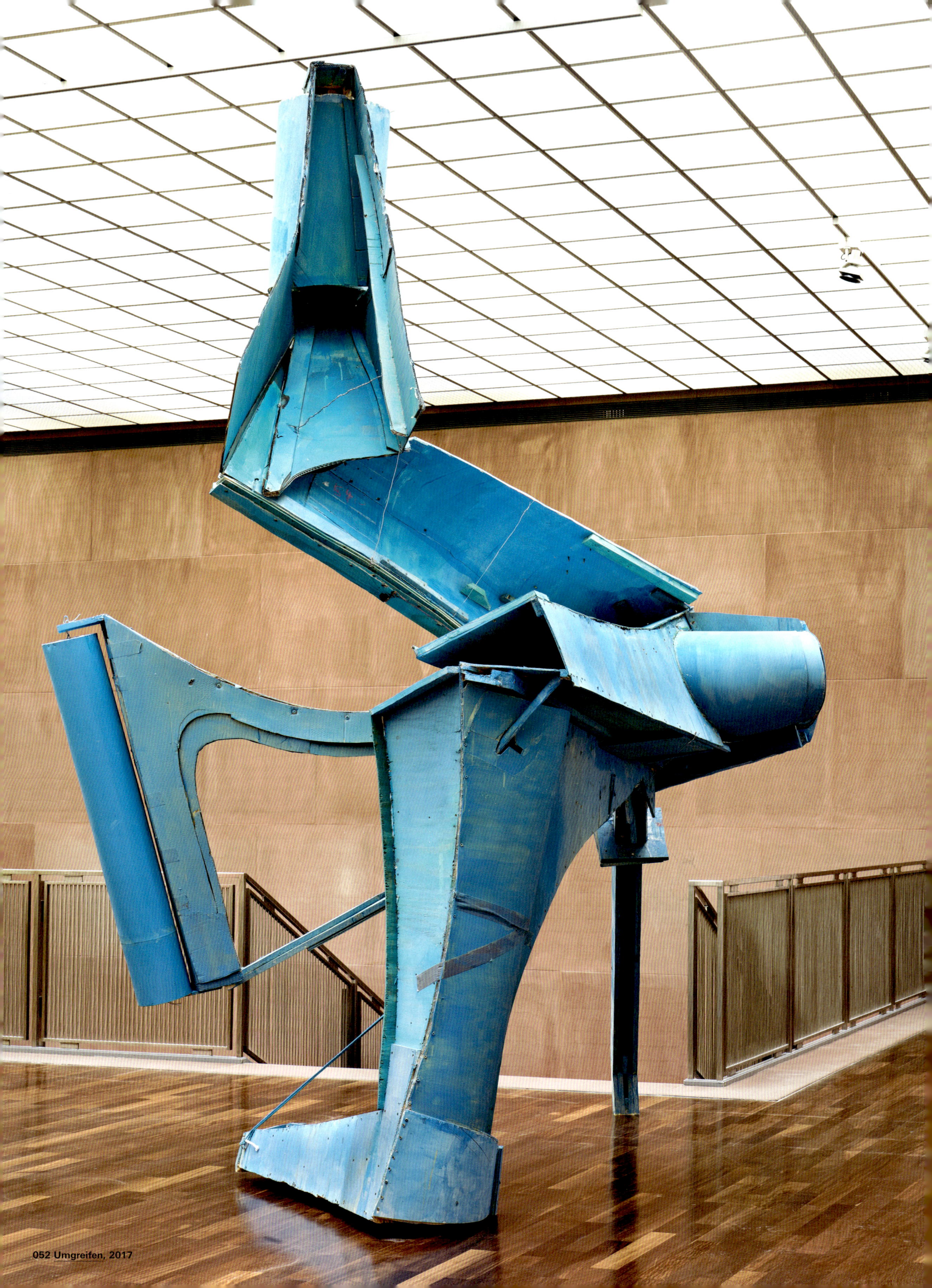

052 Umgreifen, 2017

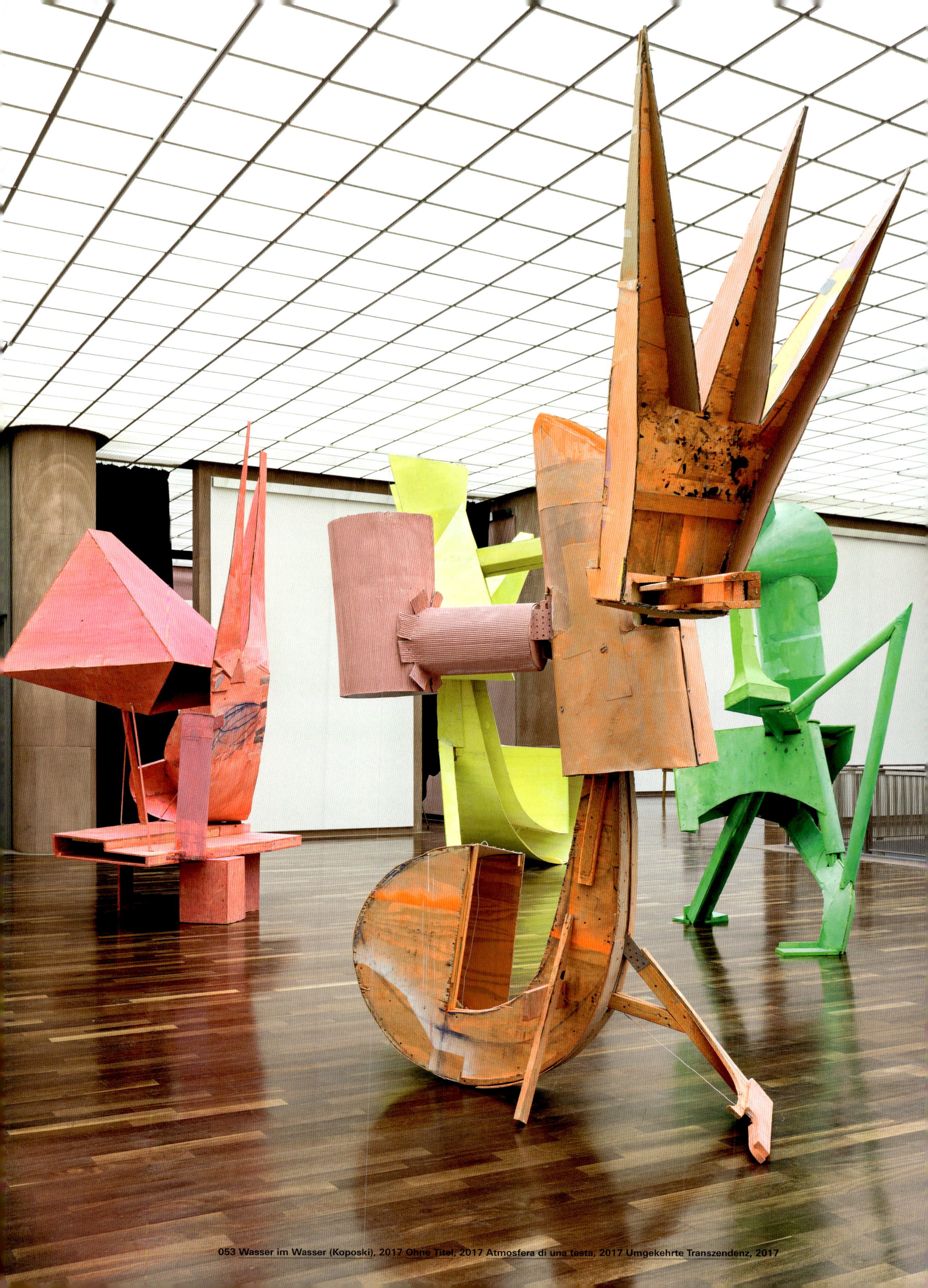

053 Wasser im Wasser (Koposki), 2017 Ohne Titel, 2017 Atmosfera di una testa, 2017 Umgekehrte Transzendenz, 2017

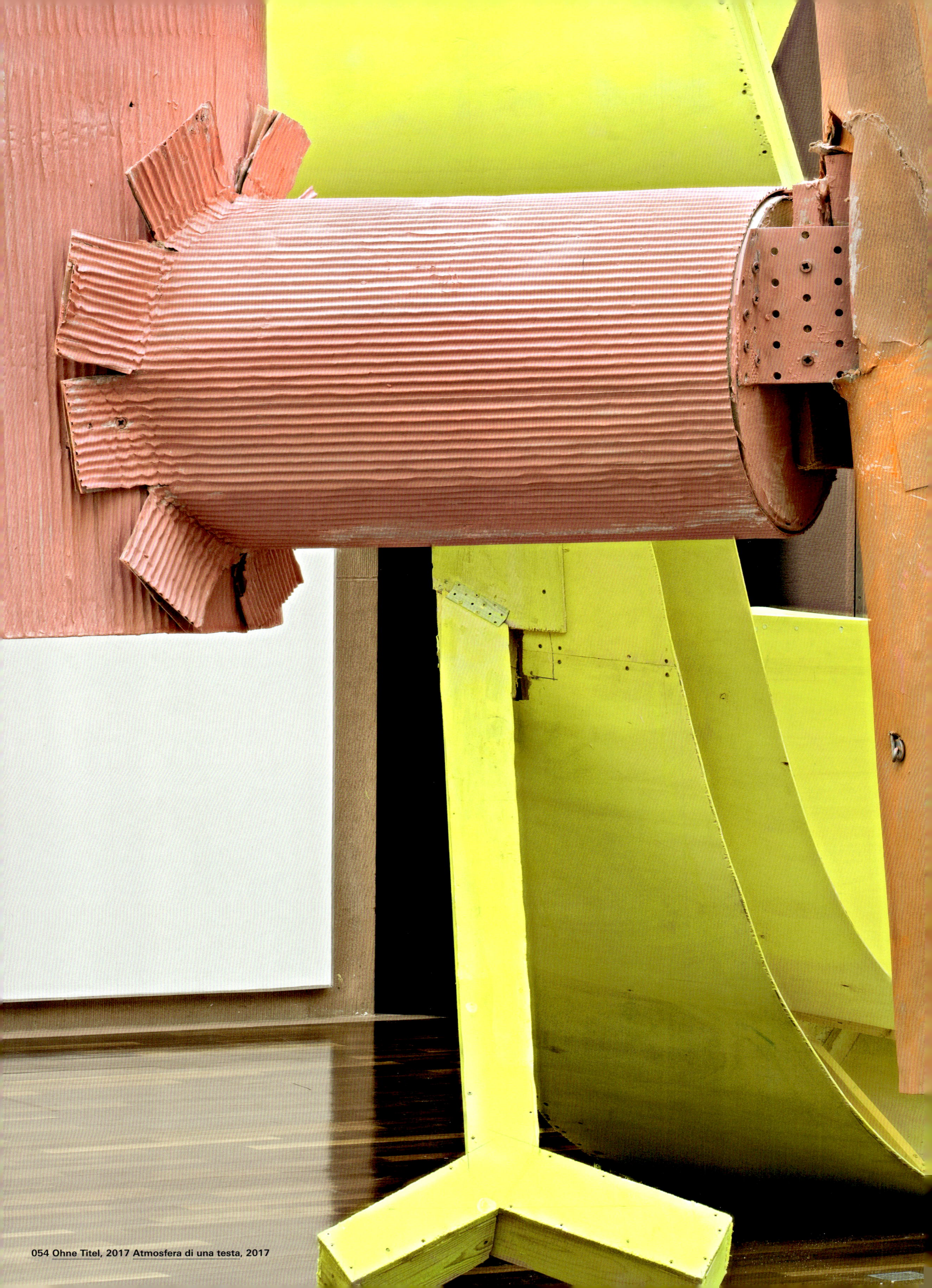

054 Ohne Titel, 2017 Atmosfera di una testa, 2017

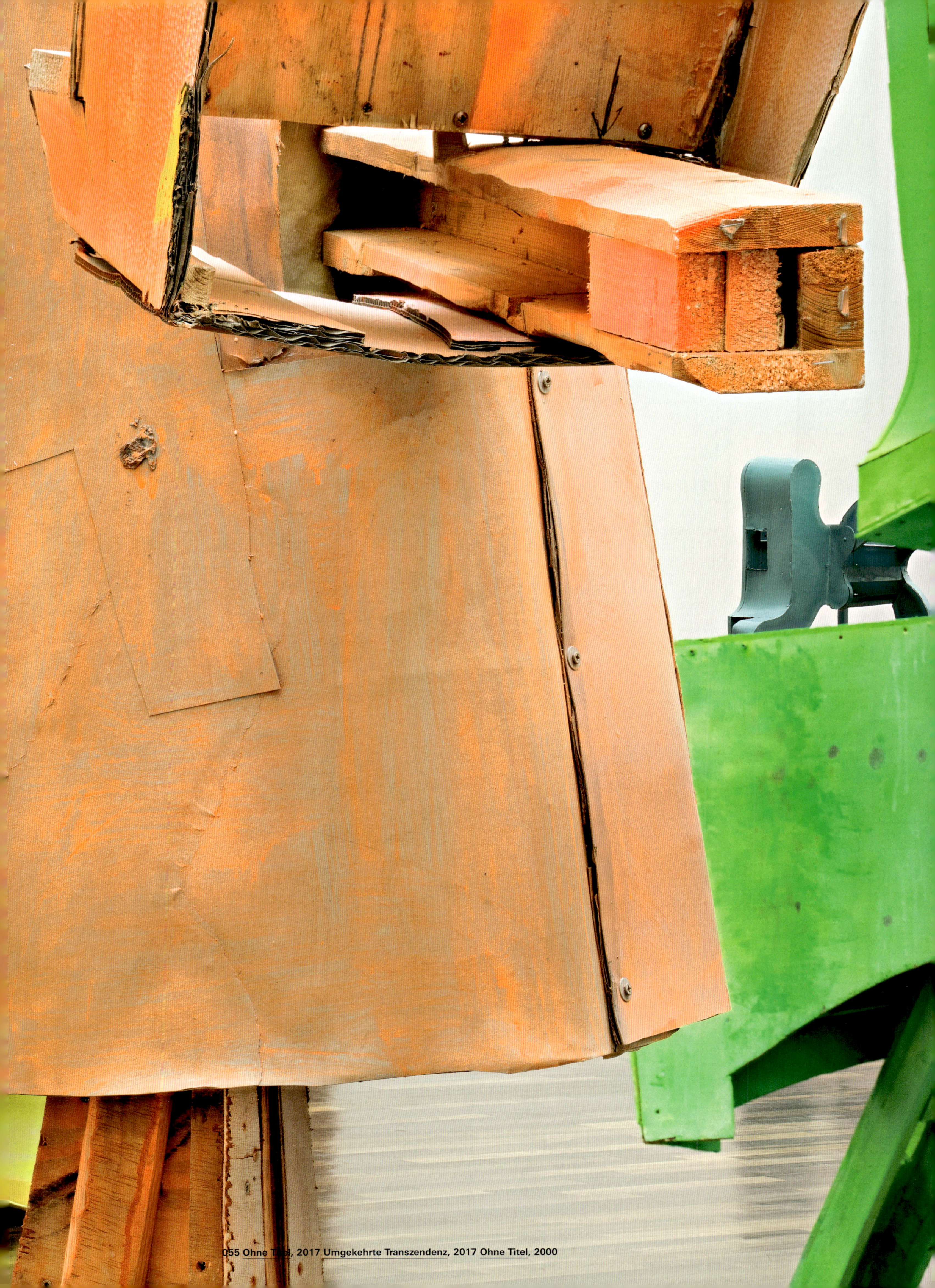

055 Ohne Titel, 2017 Umgekehrte Transzendenz, 2017 Ohne Titel, 2000

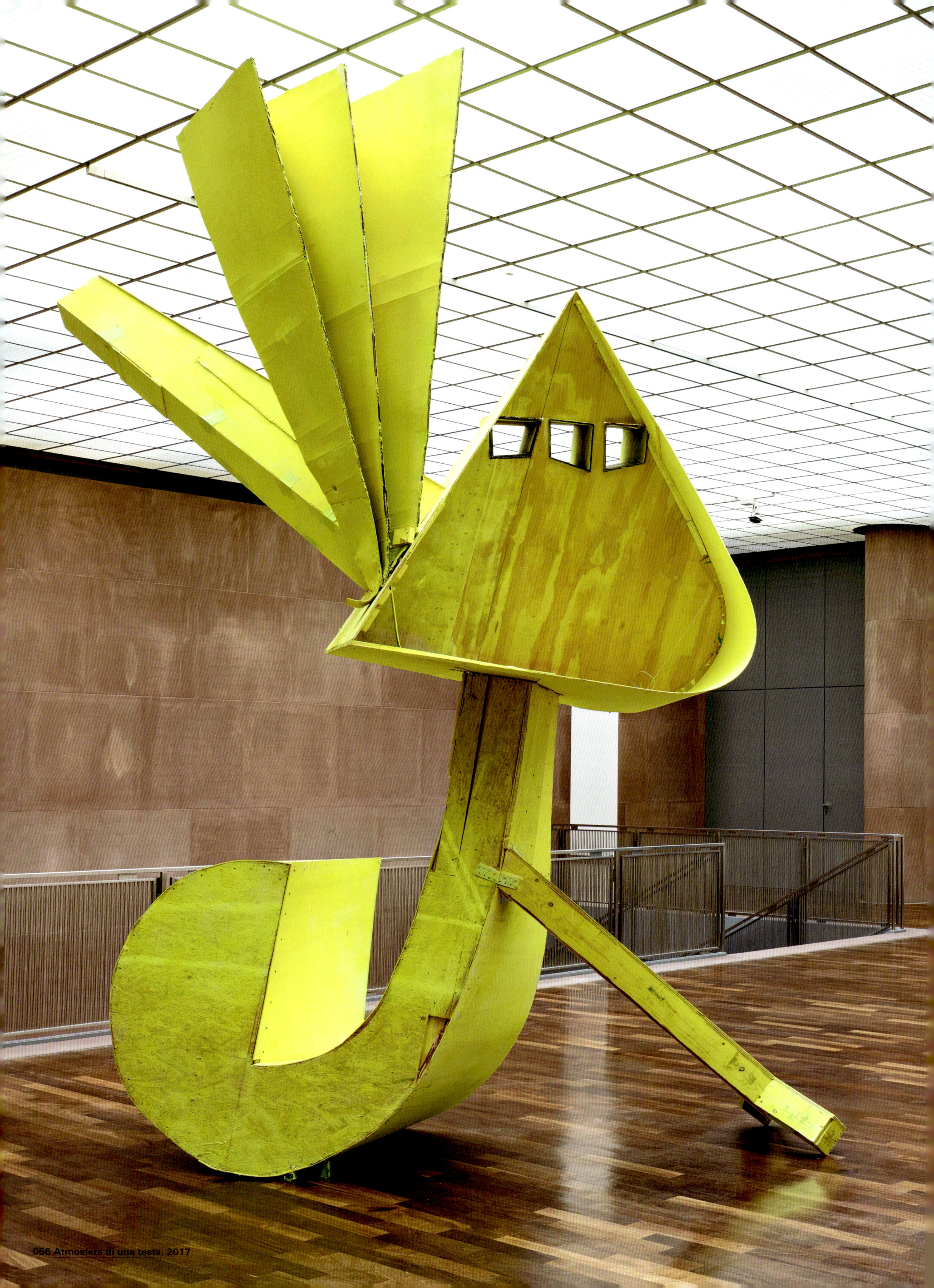

056 Atmosfera di una testa, 2017

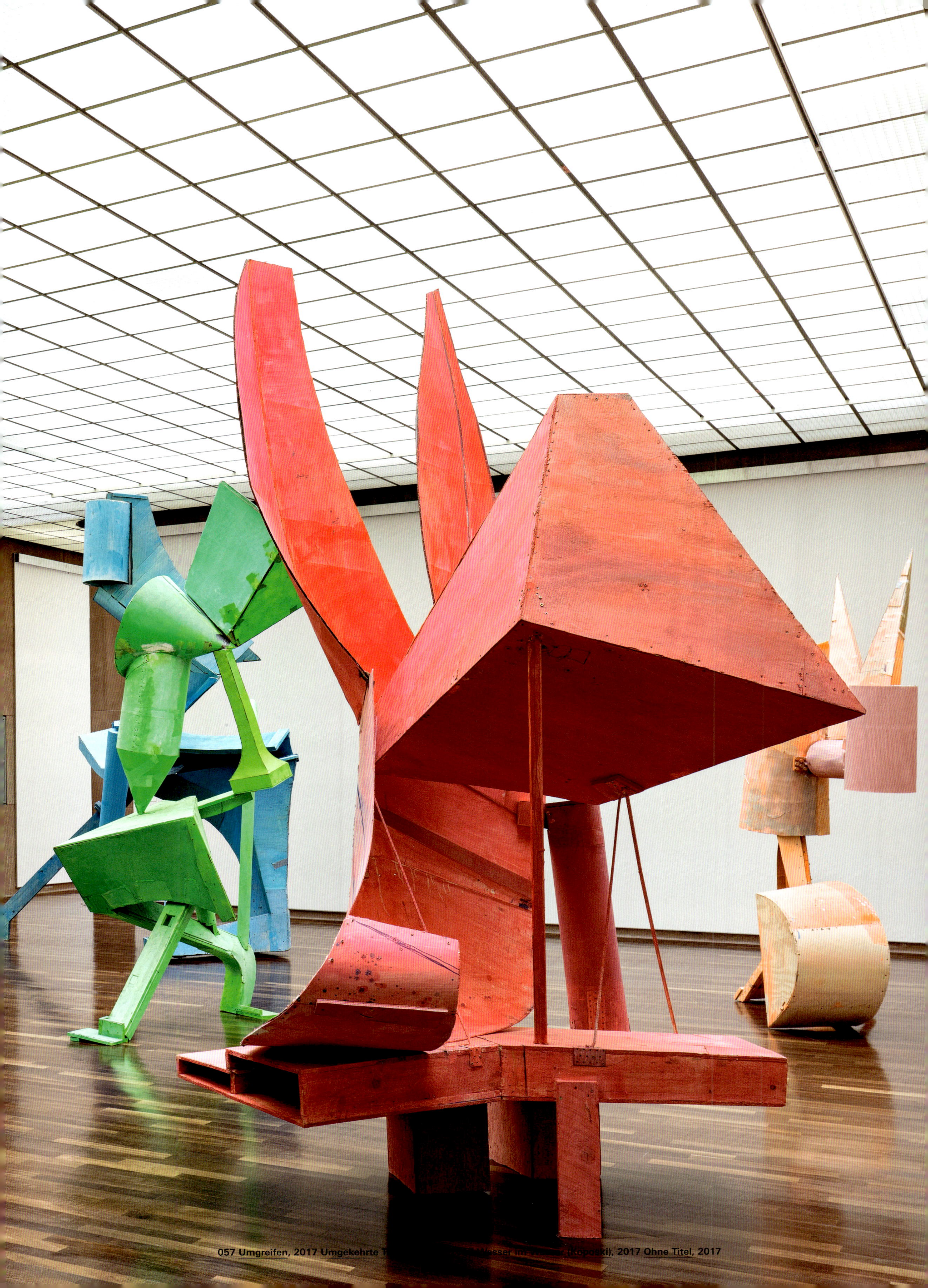

057 Umgreifen, 2017 Umgekehrte T[illegible] Wasser im Wasser (Koposki), 2017 Ohne Titel, 2017

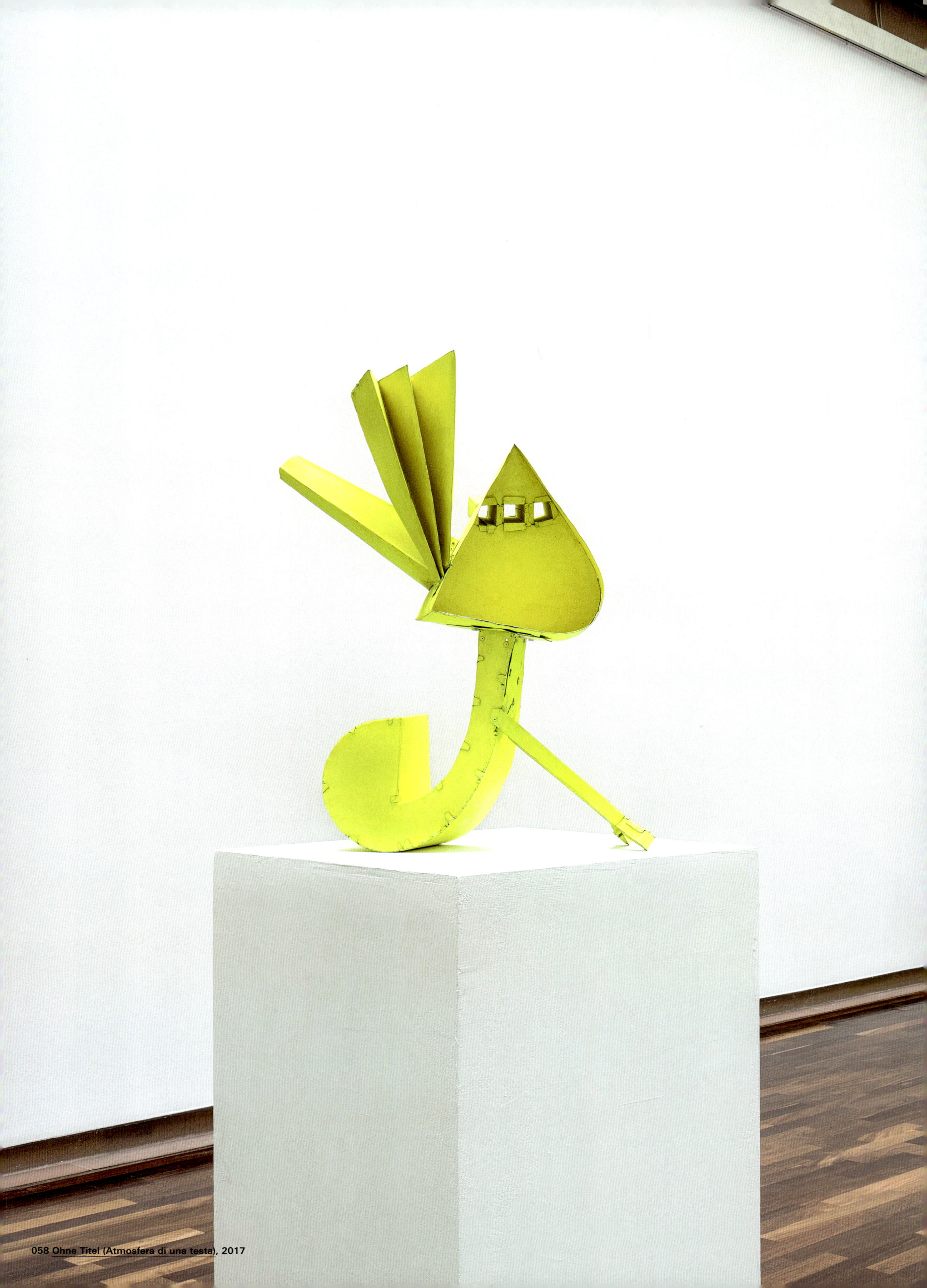

058 Ohne Titel (Atmosfera di una testa), 2017

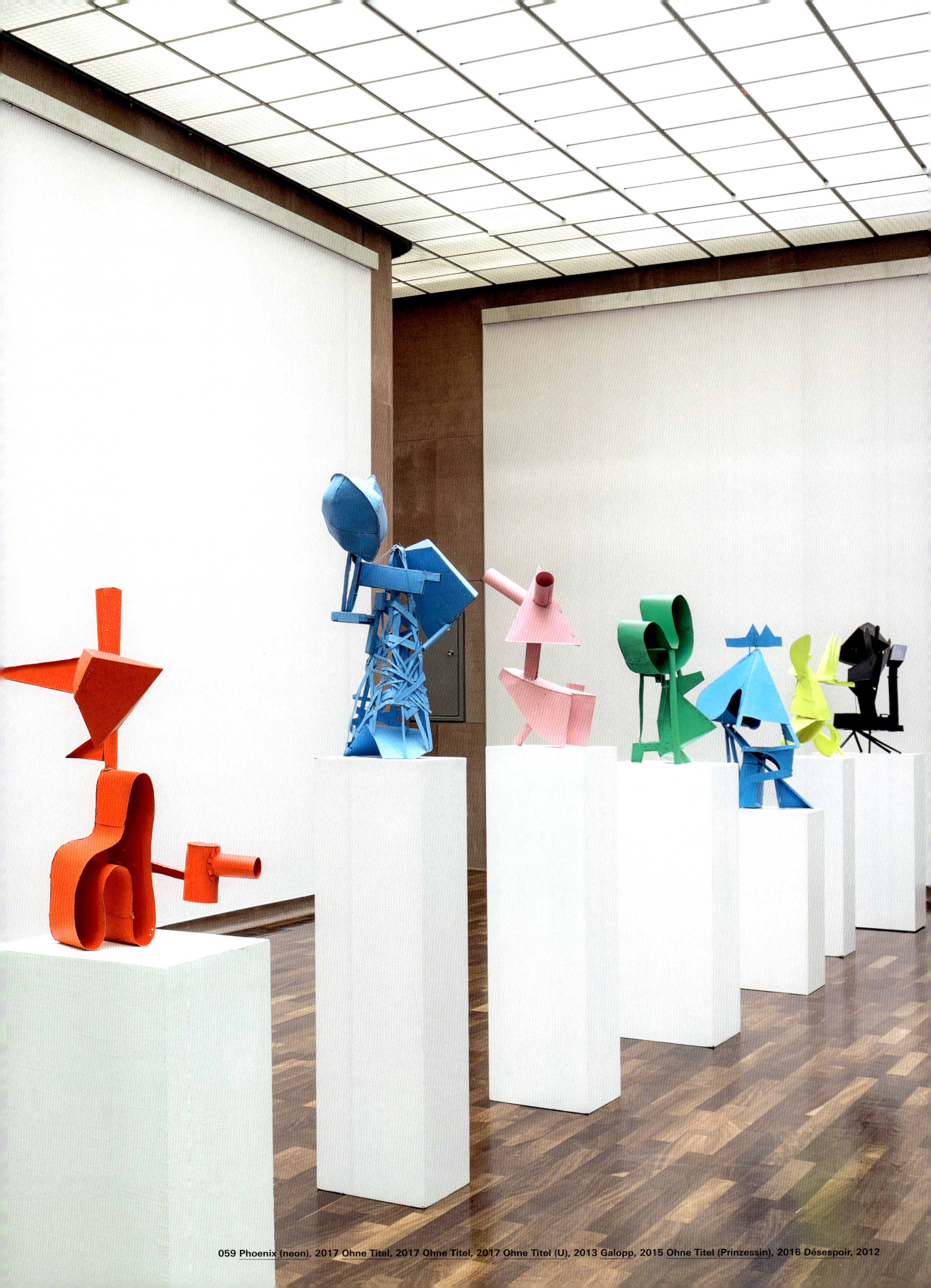

059 Phoenix (neon), 2017 Ohne Titel, 2017 Ohne Titel, 2017 Ohne Titel (U), 2013 Galopp, 2015 Ohne Titel (Prinzessin), 2016 Désespoir, 2012

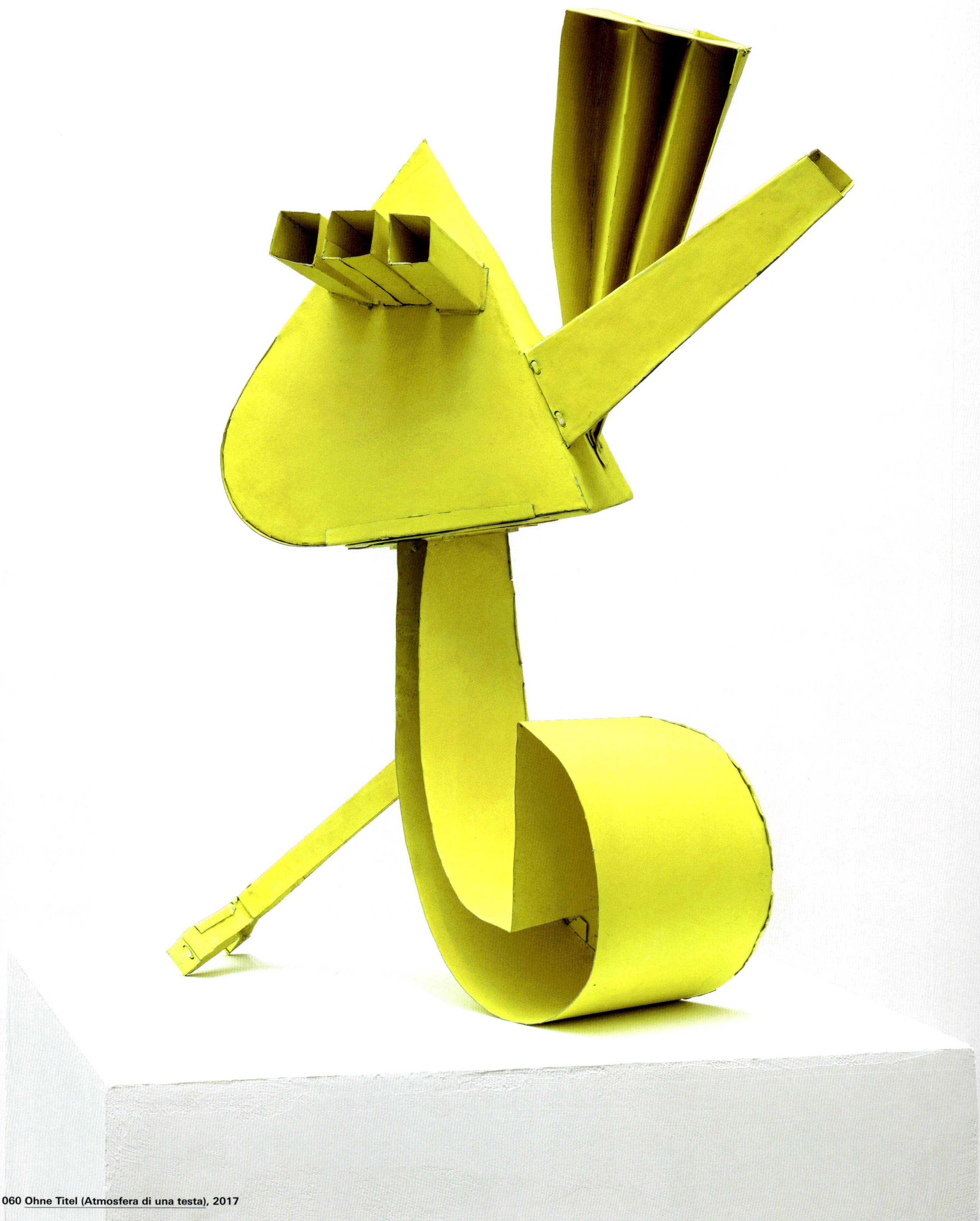

060 Ohne Titel (Atmosfera di una testa), 2017

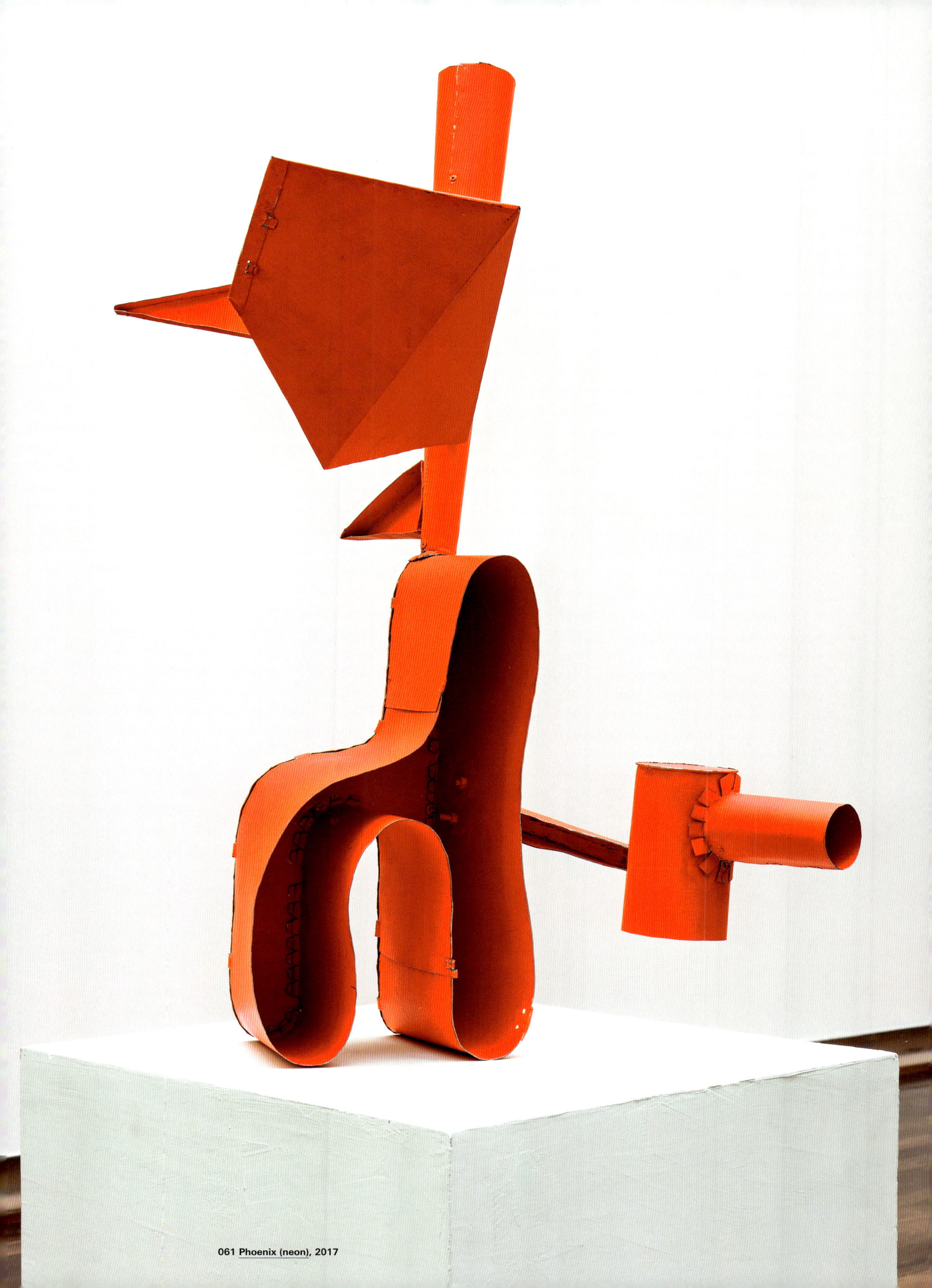

061 Phoenix (neon), 2017

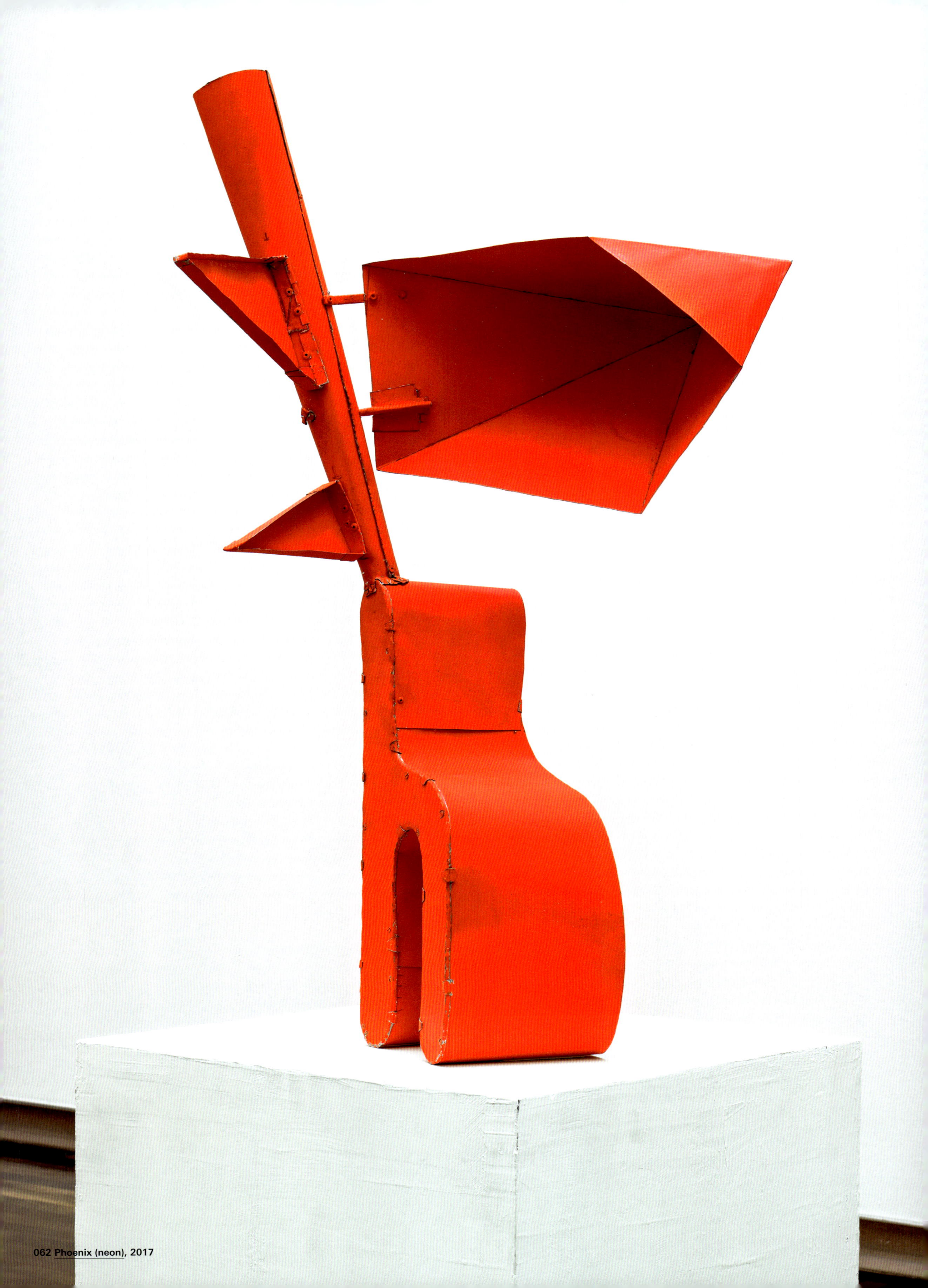

062 Phoenix (neon), 2017

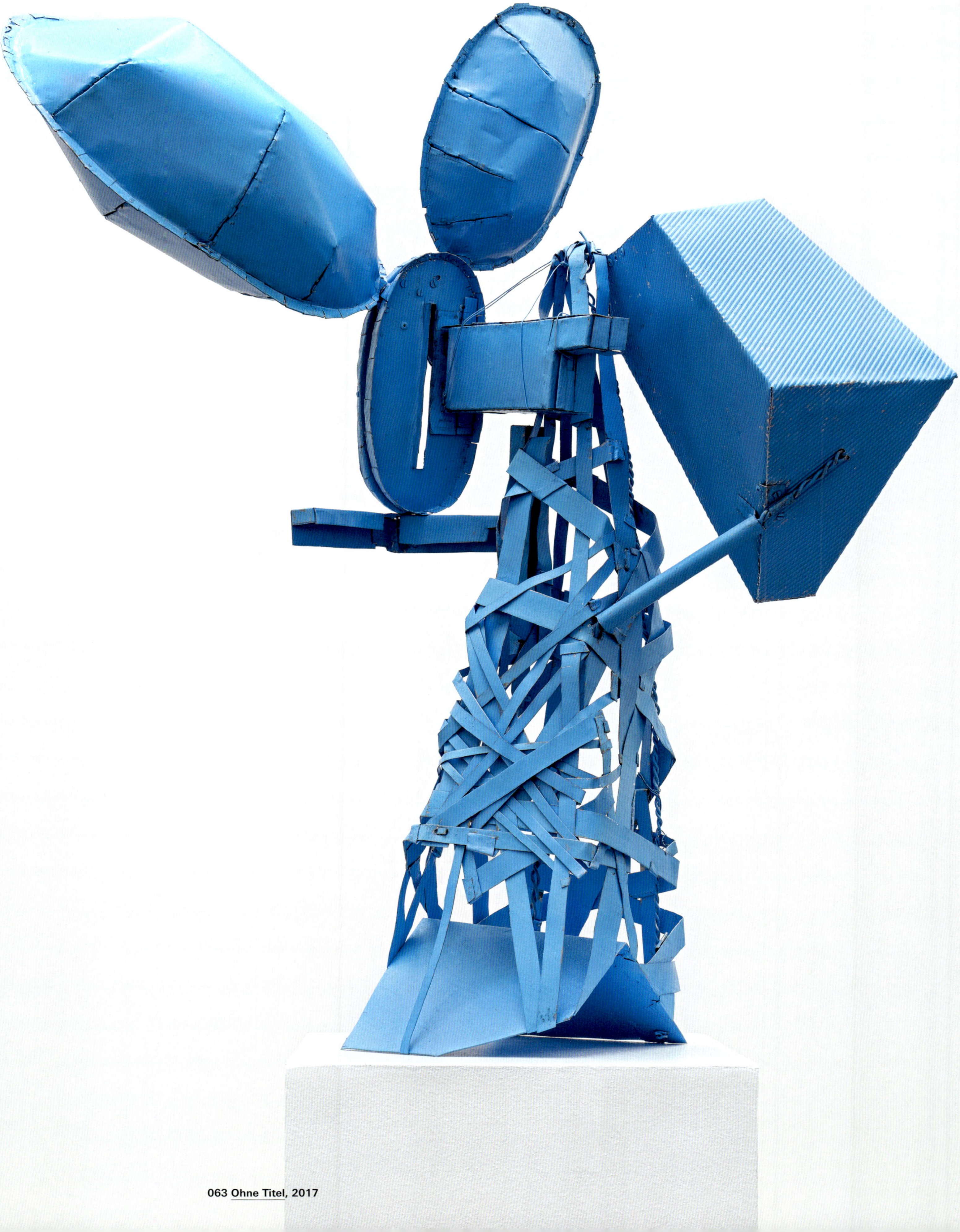

063 Ohne Titel, 2017

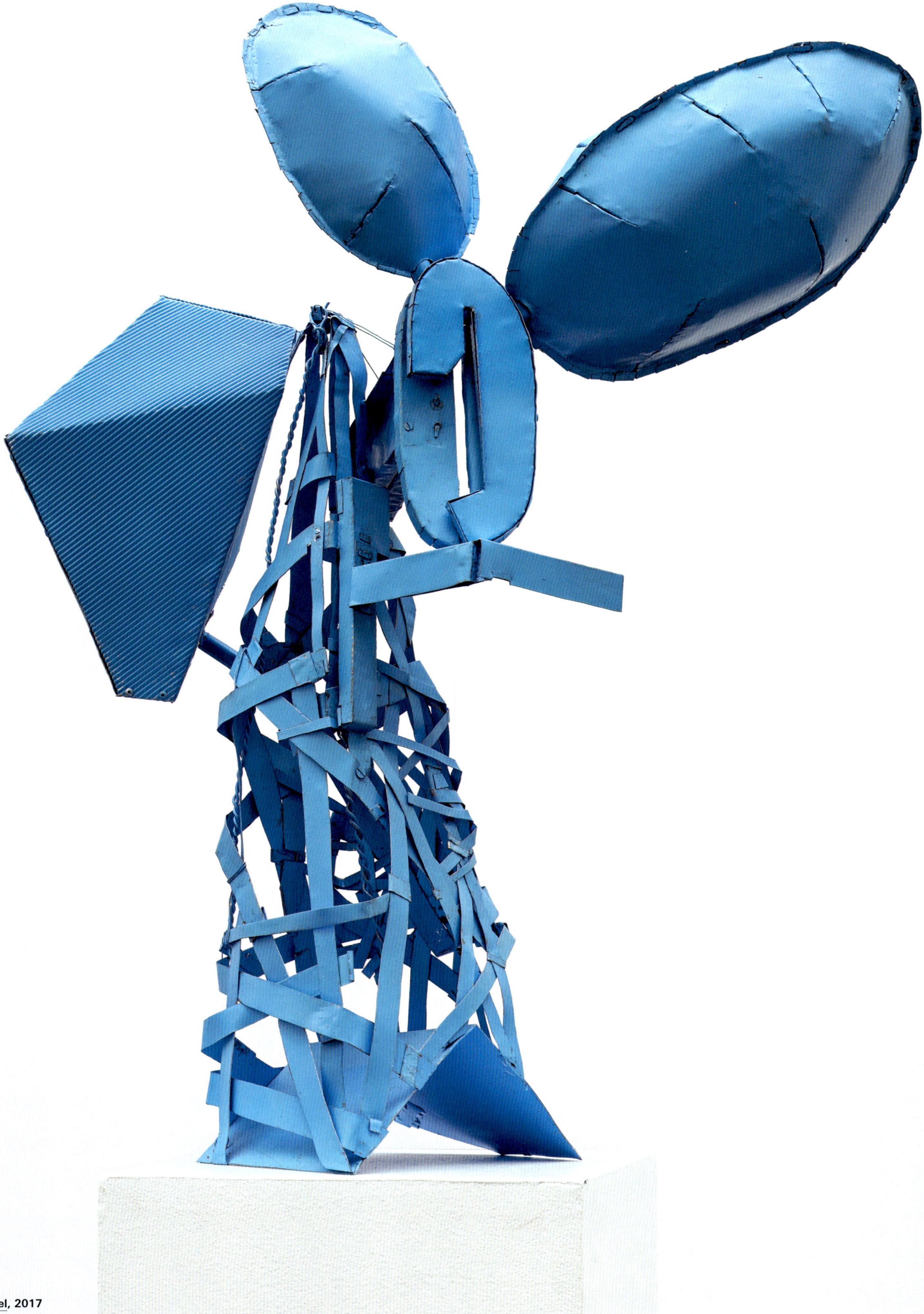

064 Ohne Titel, 2017

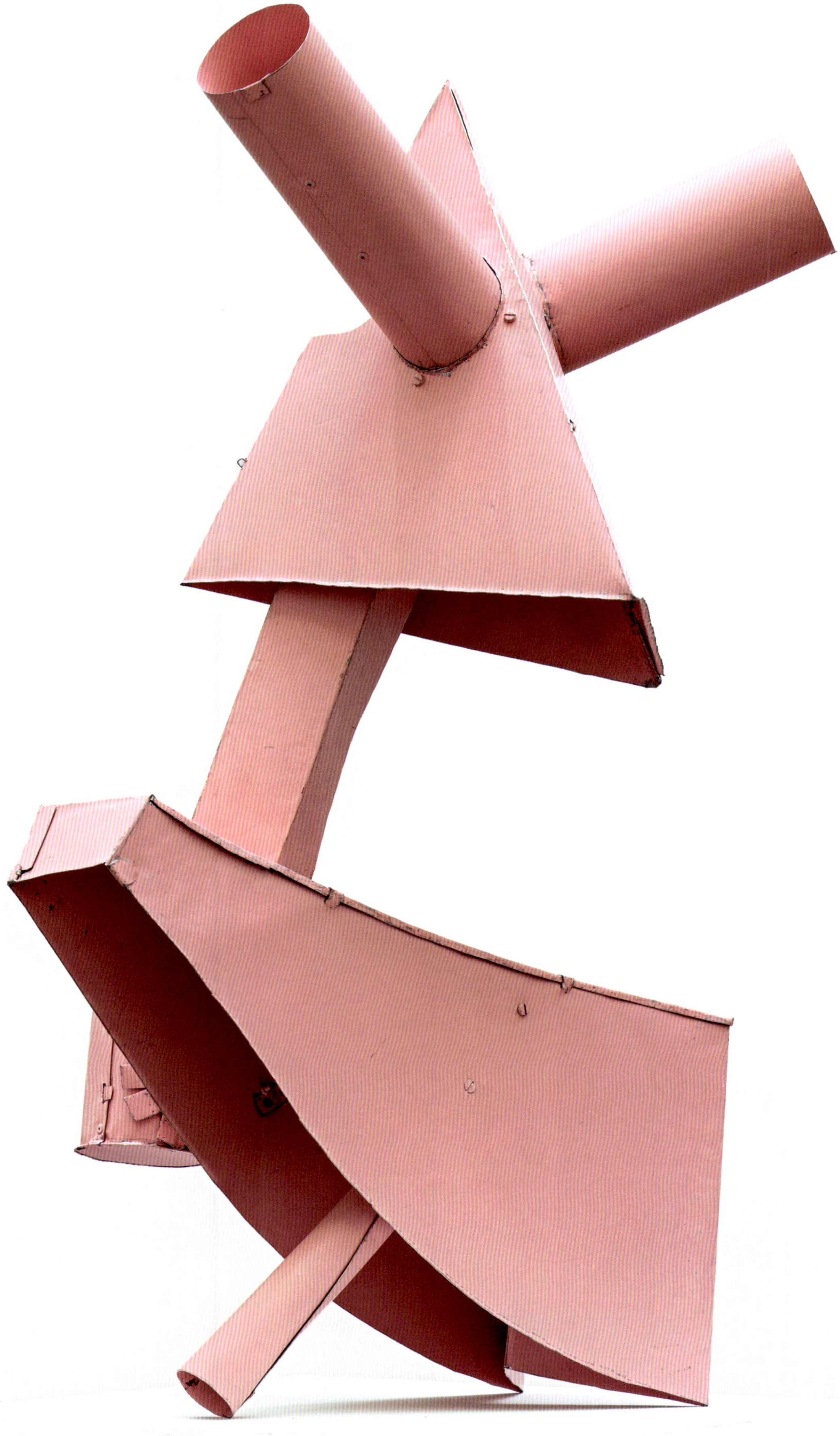

065 Ohne Titel, 2017

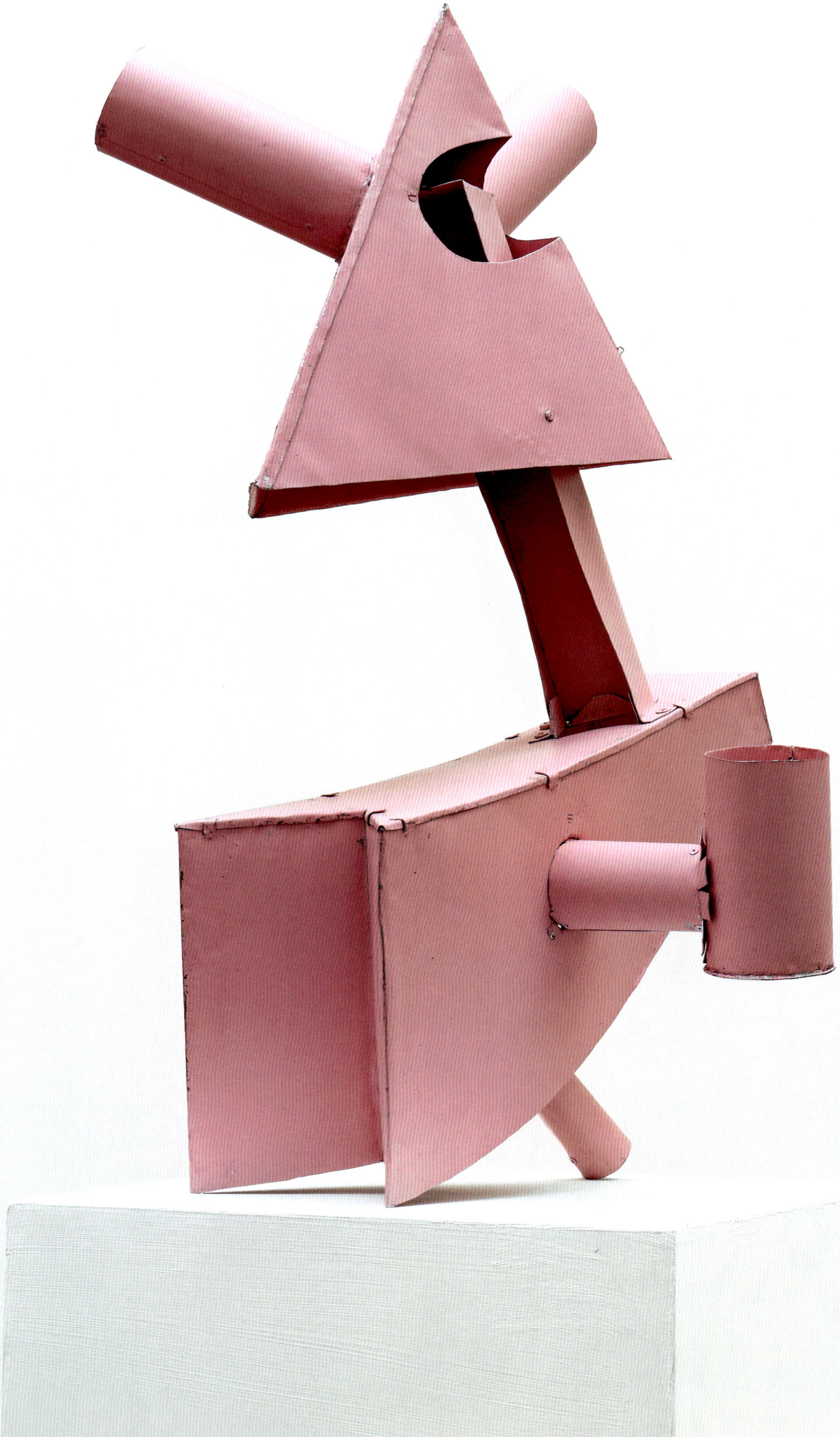

066 Ohne Titel, 2017

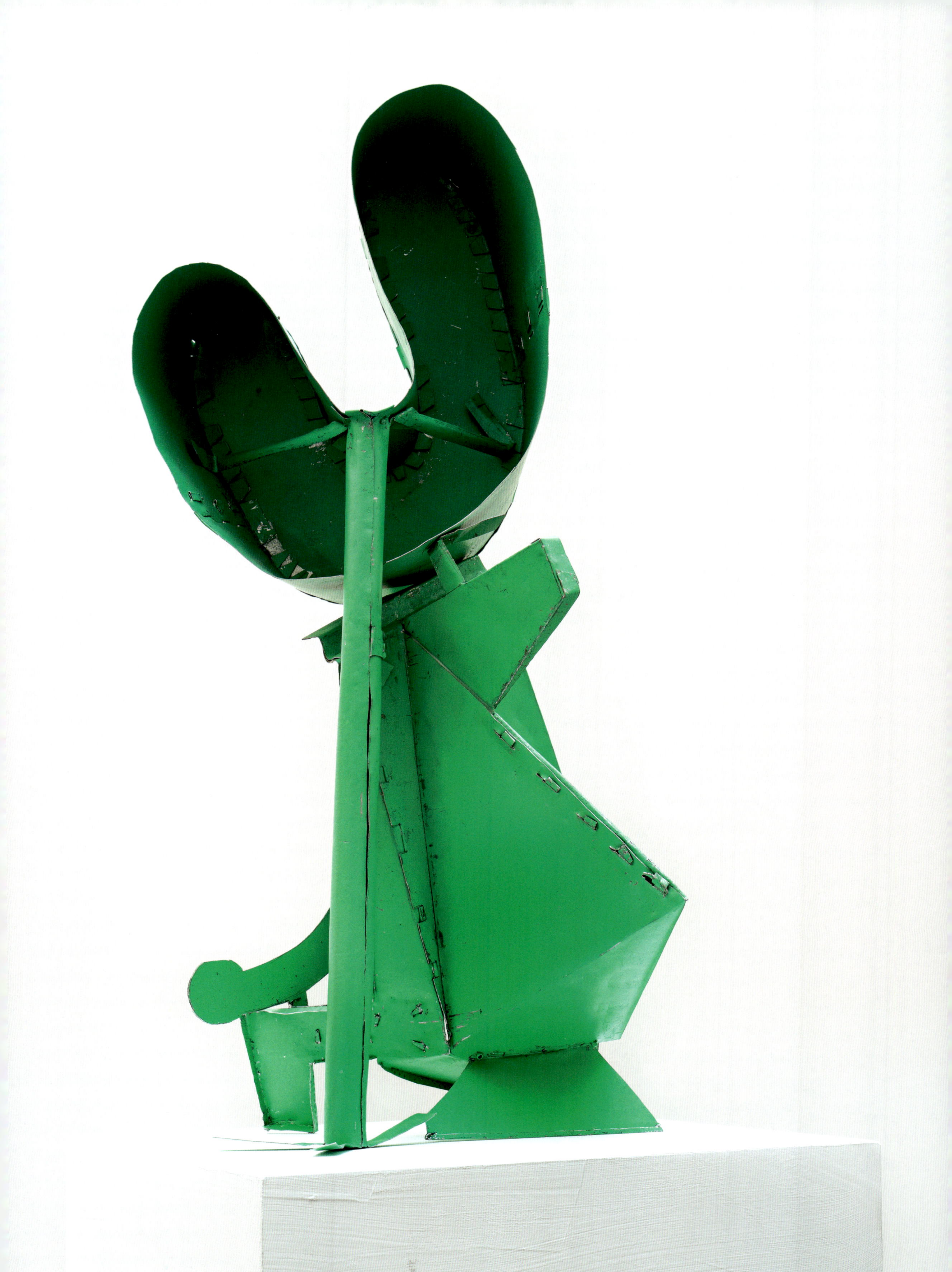

067 Ohne Titel (U), 2013

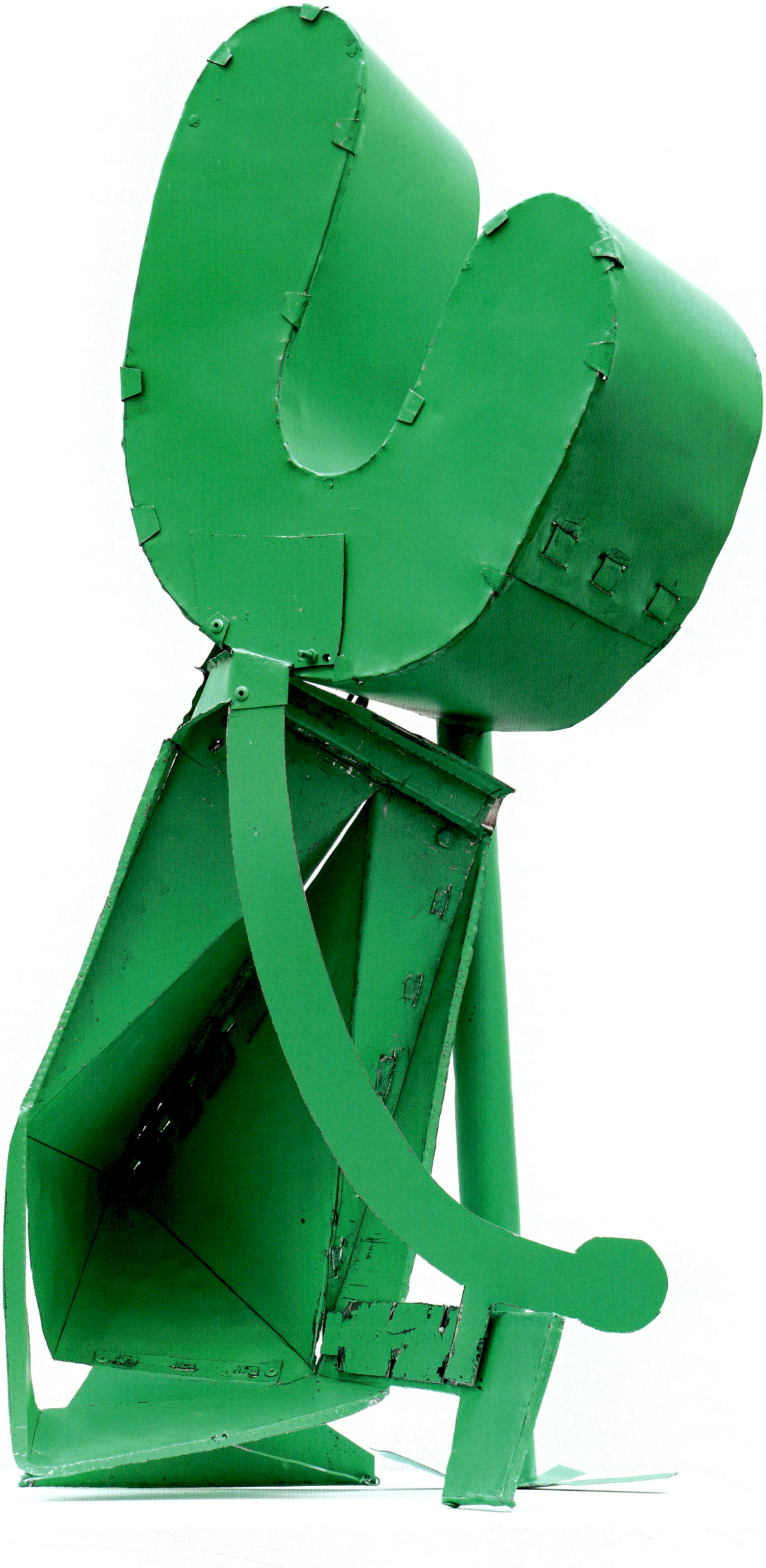

068 Ohne Titel (U), 2013

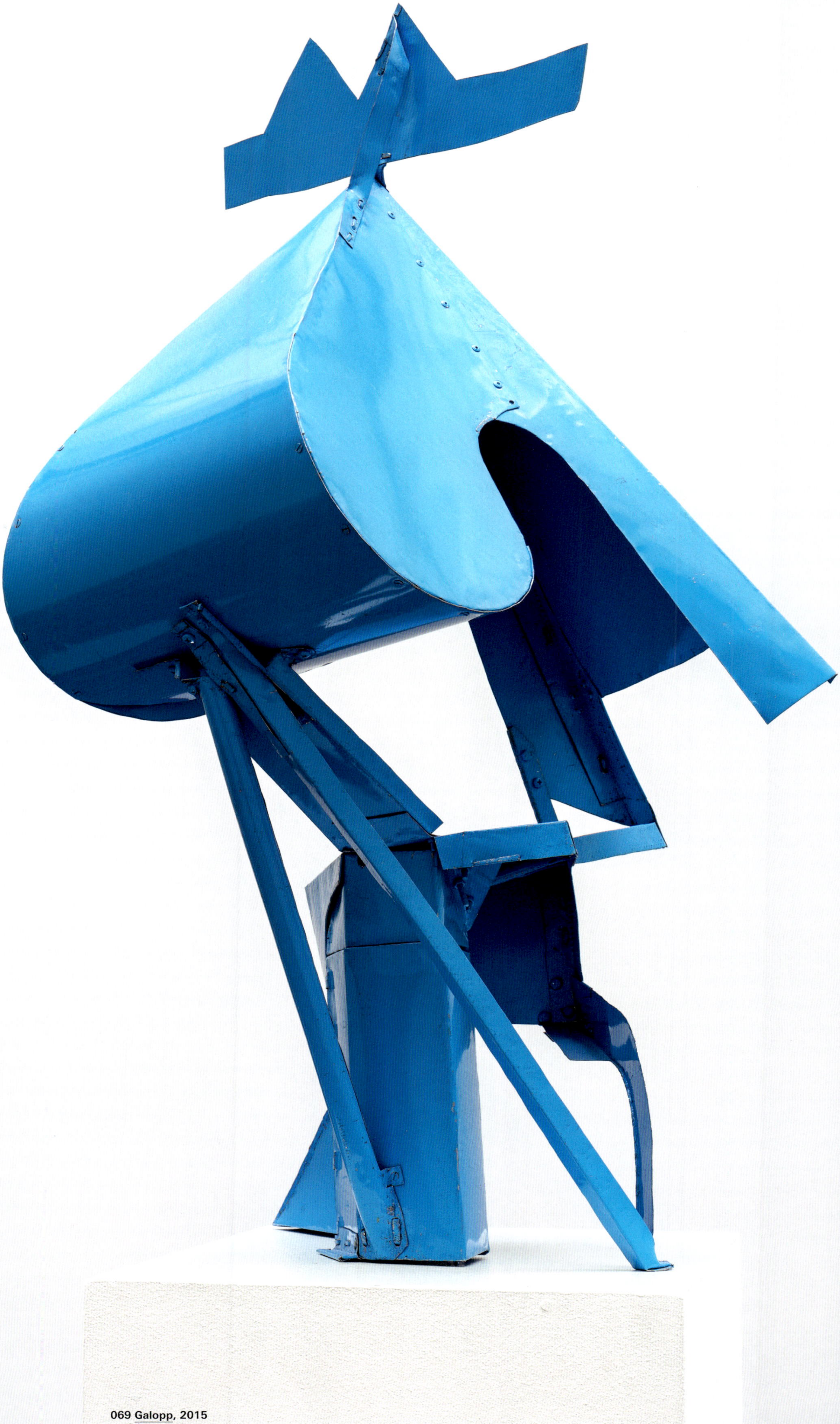

069 Galopp, 2015

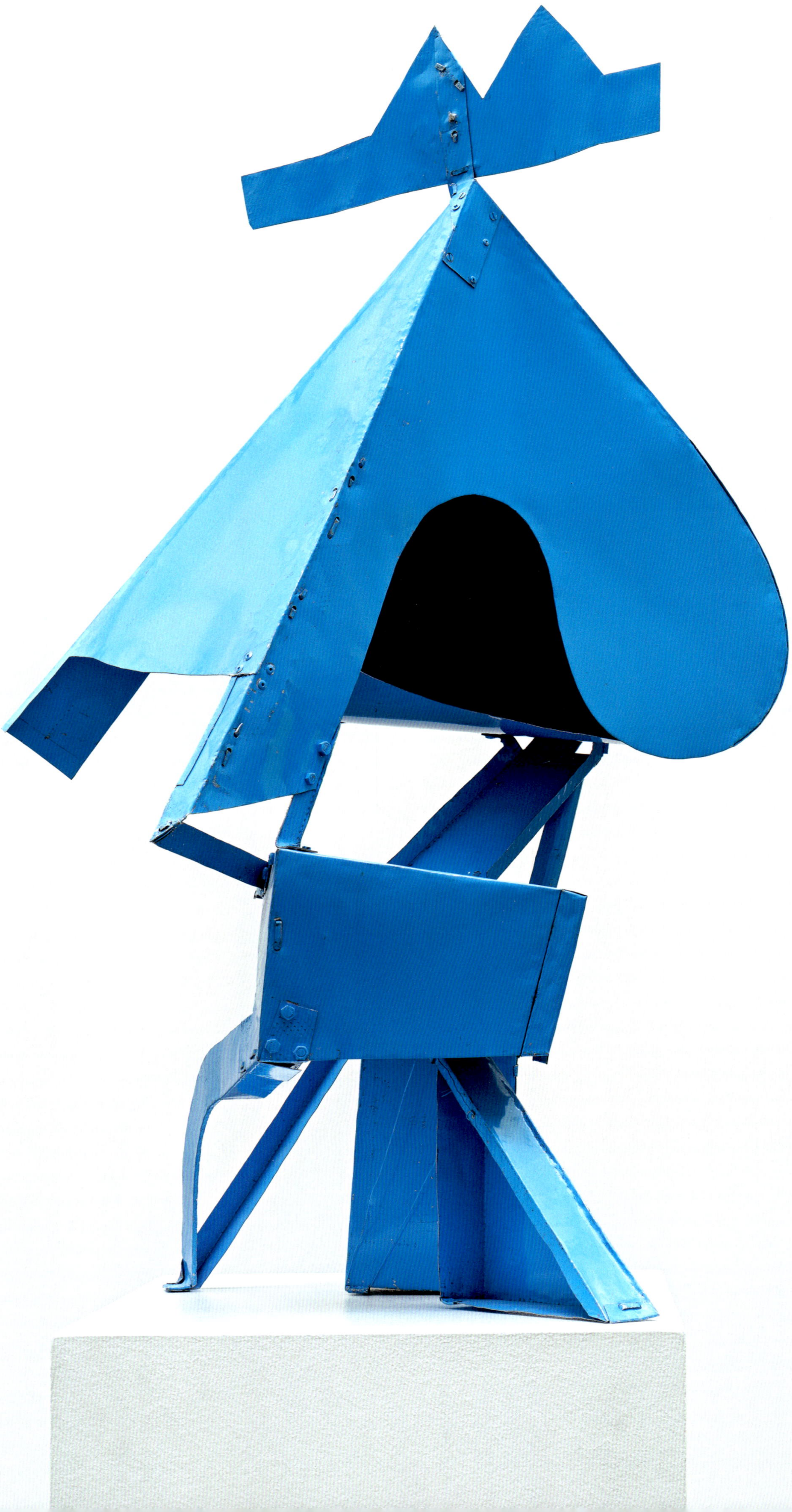

070 Galopp, 2015

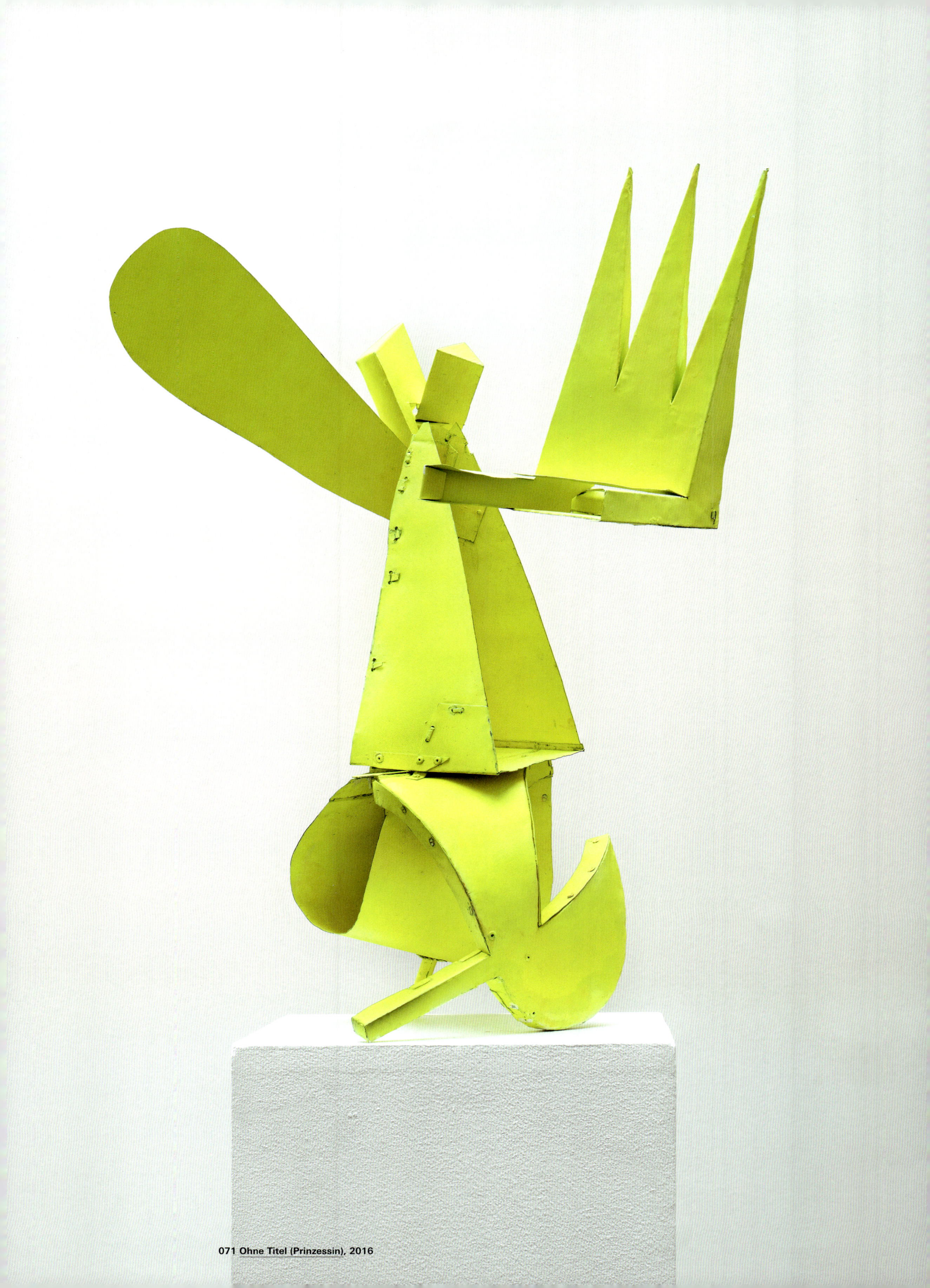

071 Ohne Titel (Prinzessin), 2016

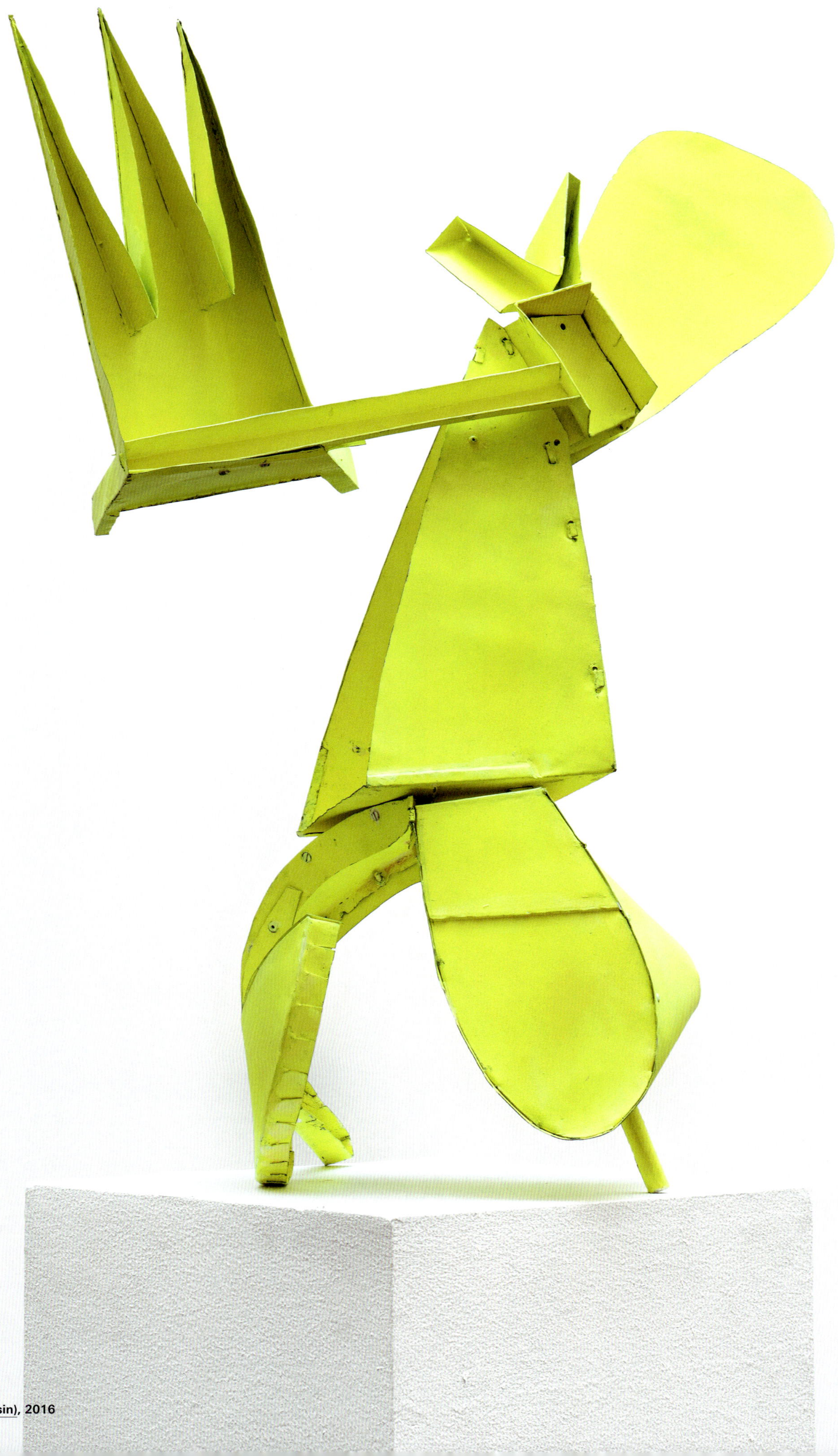

072 Ohne Titel (Prinzessin), 2016

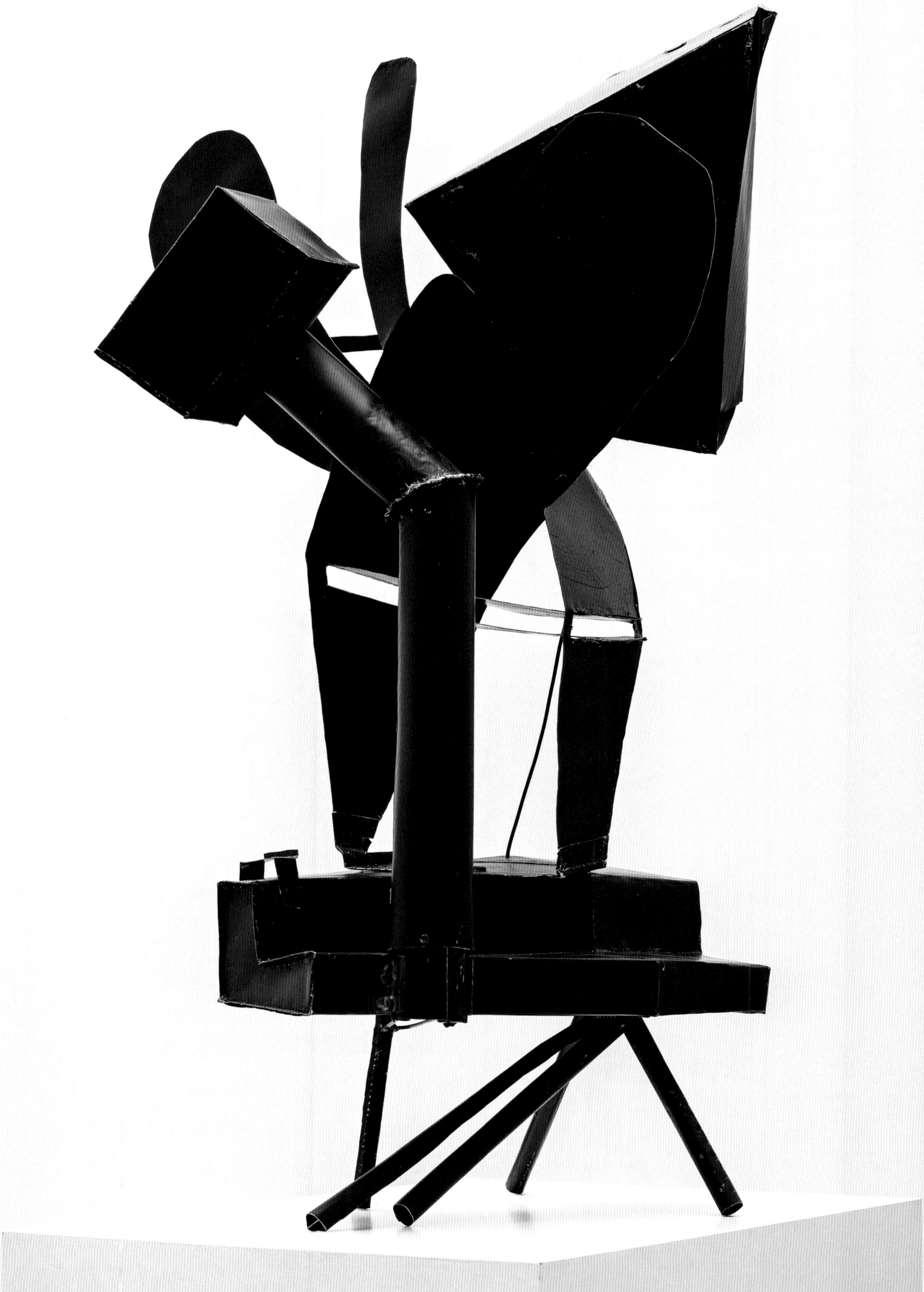

073 Désespoir, 2012

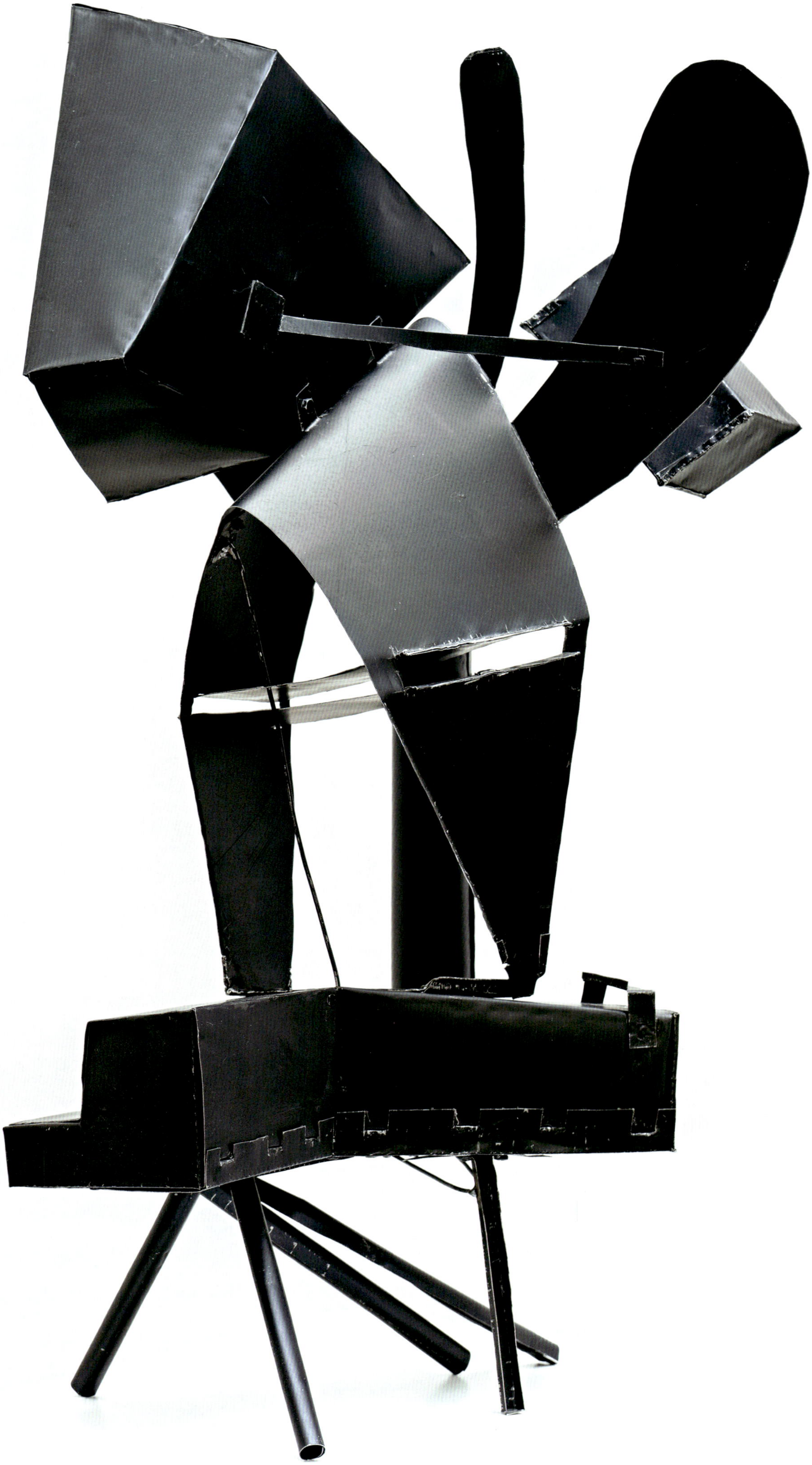

074 Désespoir, 2012

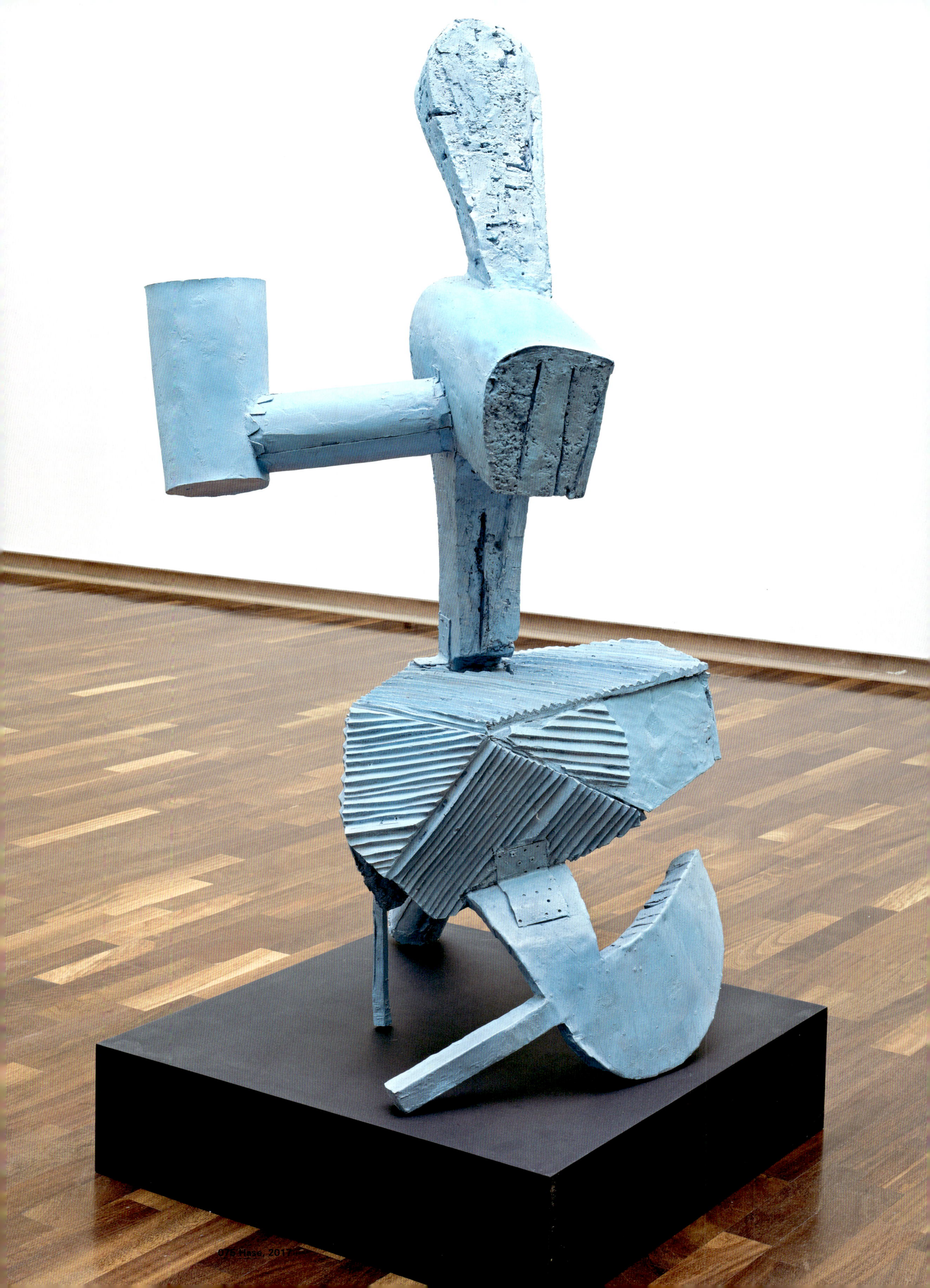

075 Hase, 2017

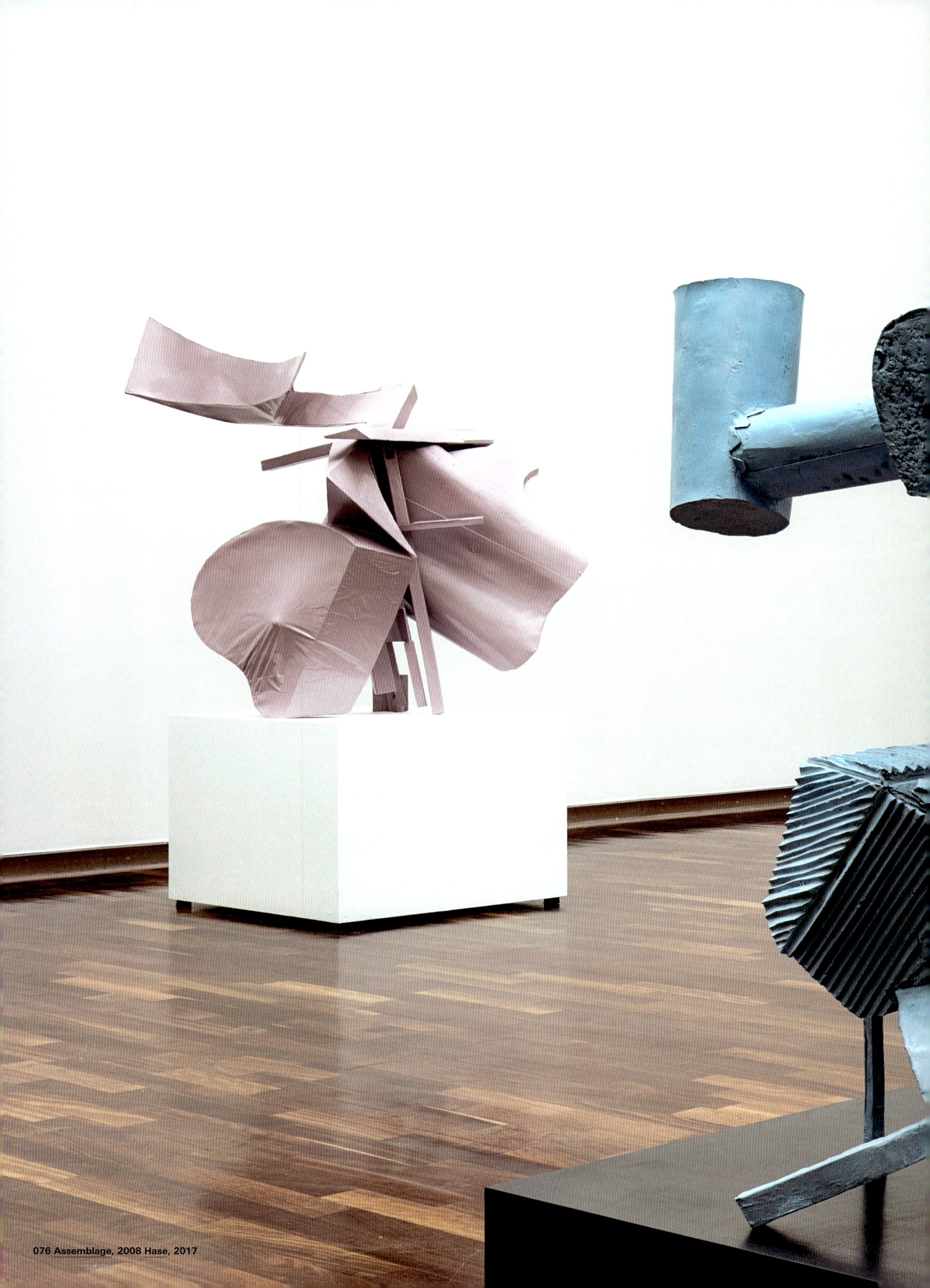

076 Assemblage, 2008 Hase, 2017

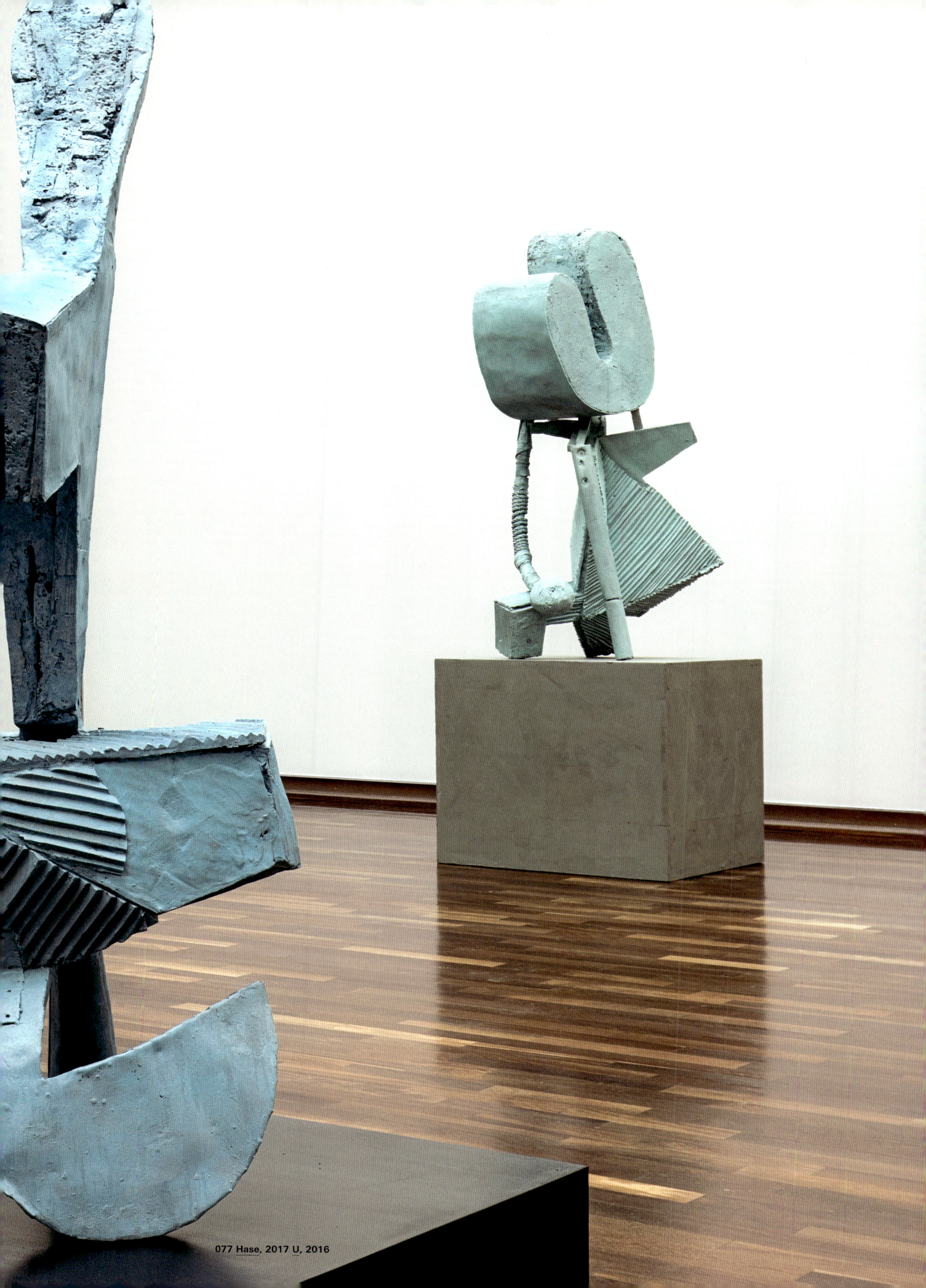

077 Hase, 2017 U, 2016

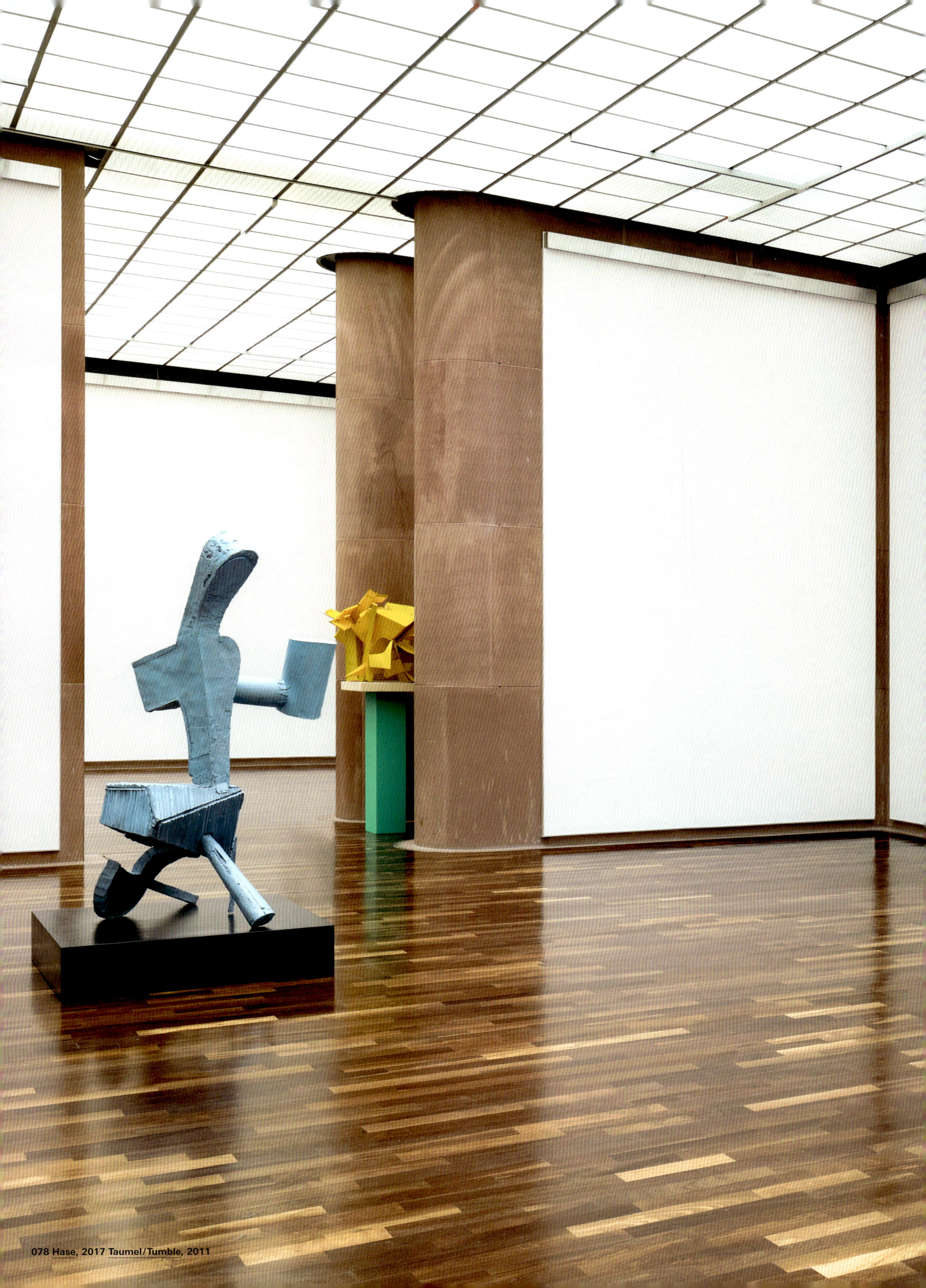

078 Hase, 2017 Taumel/Tumble, 2011

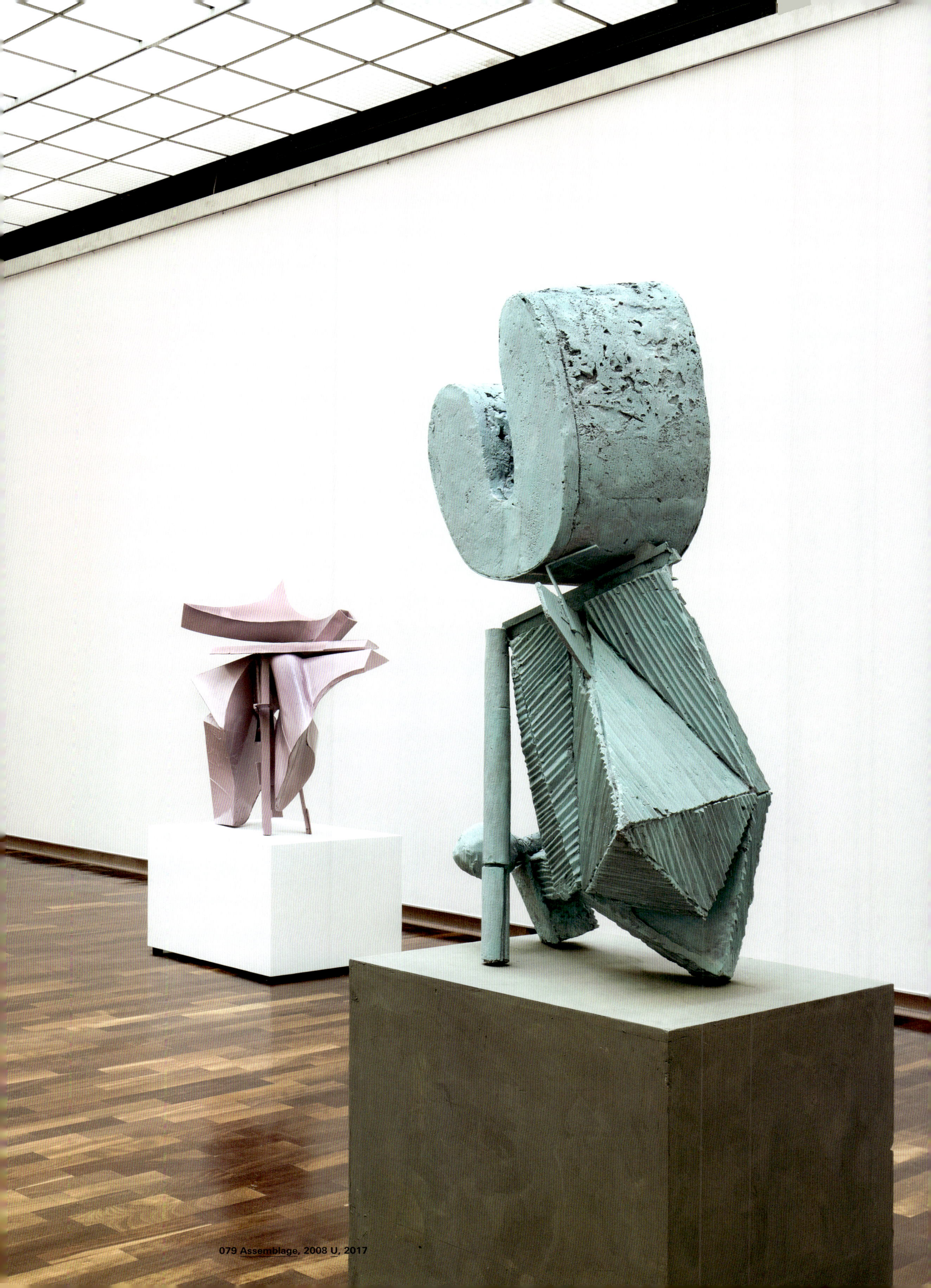

079 Assemblage, 2008 U, 2017

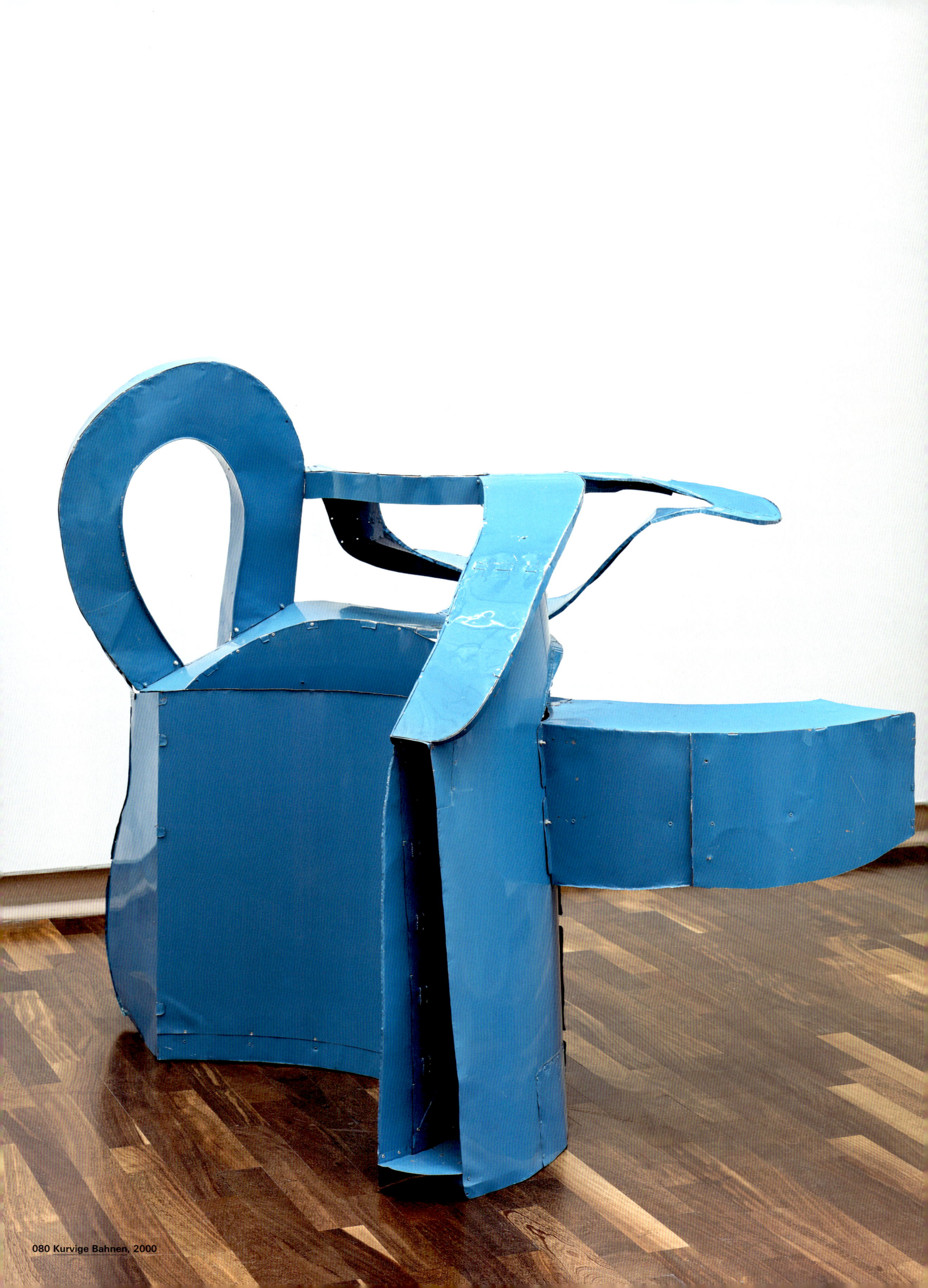

080 Kurvige Bahnen, 2000

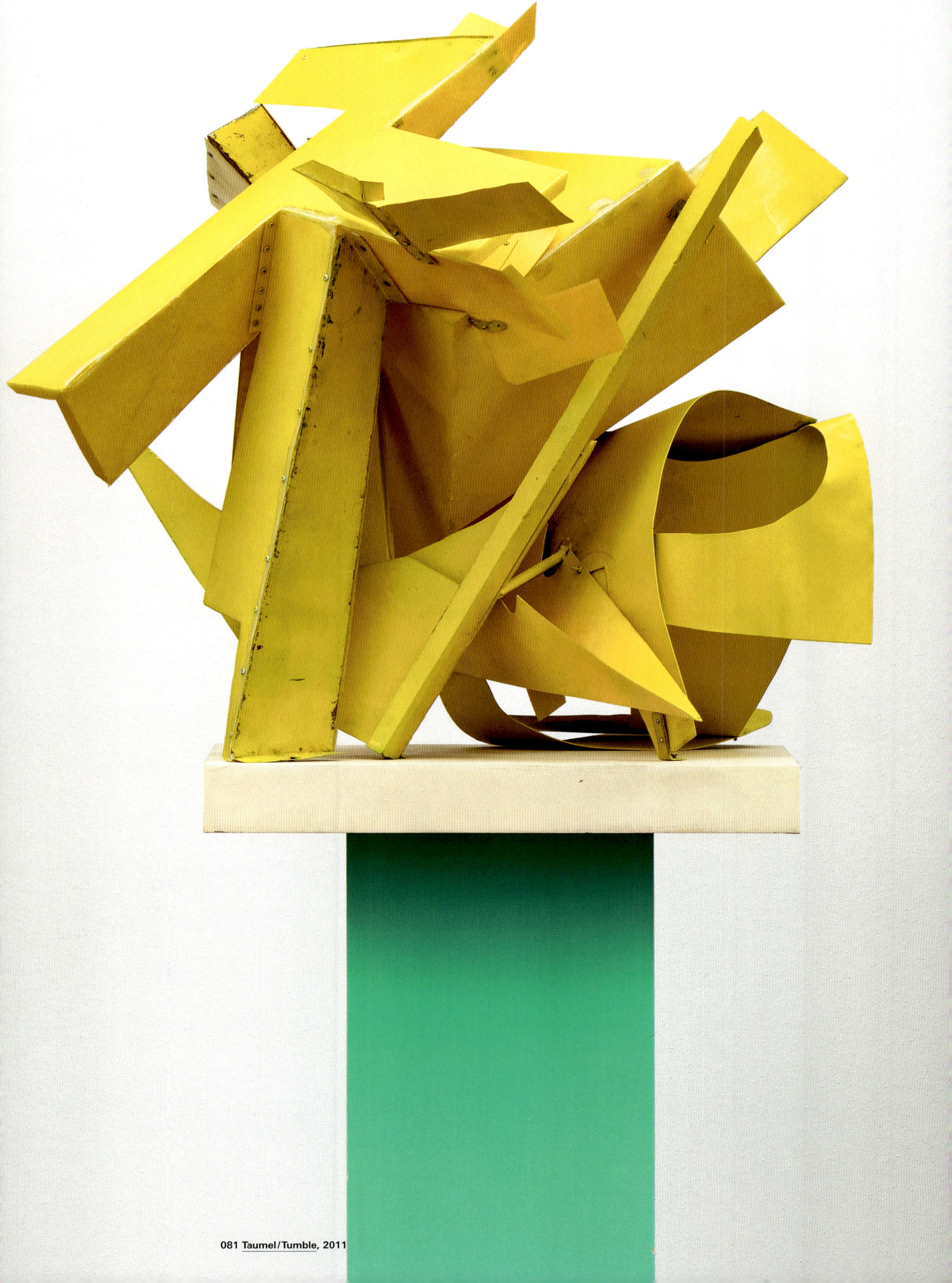

081 Taumel/Tumble, 2011

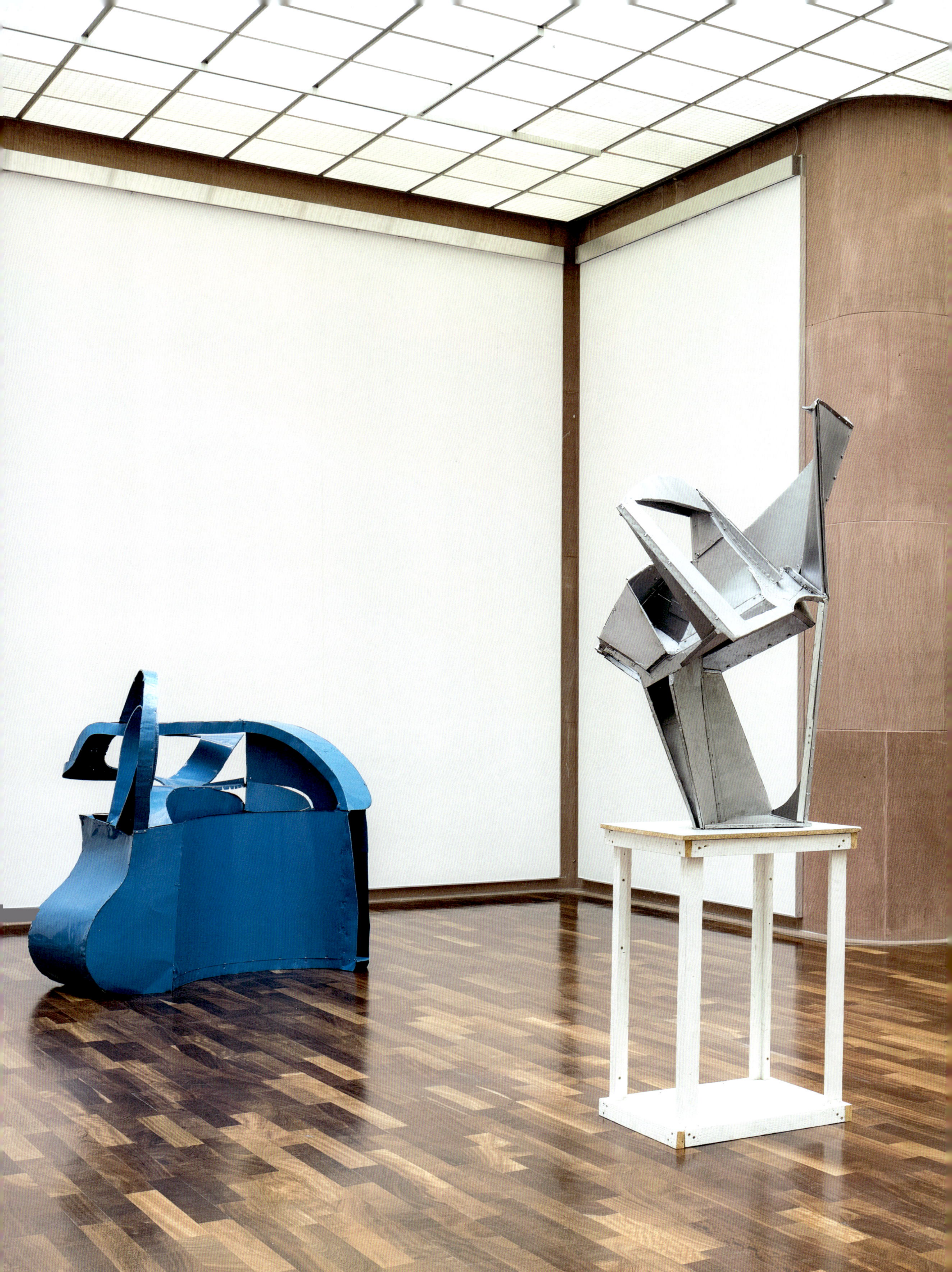

082 Kurvige Bahnen, 2000 Schild, 2003

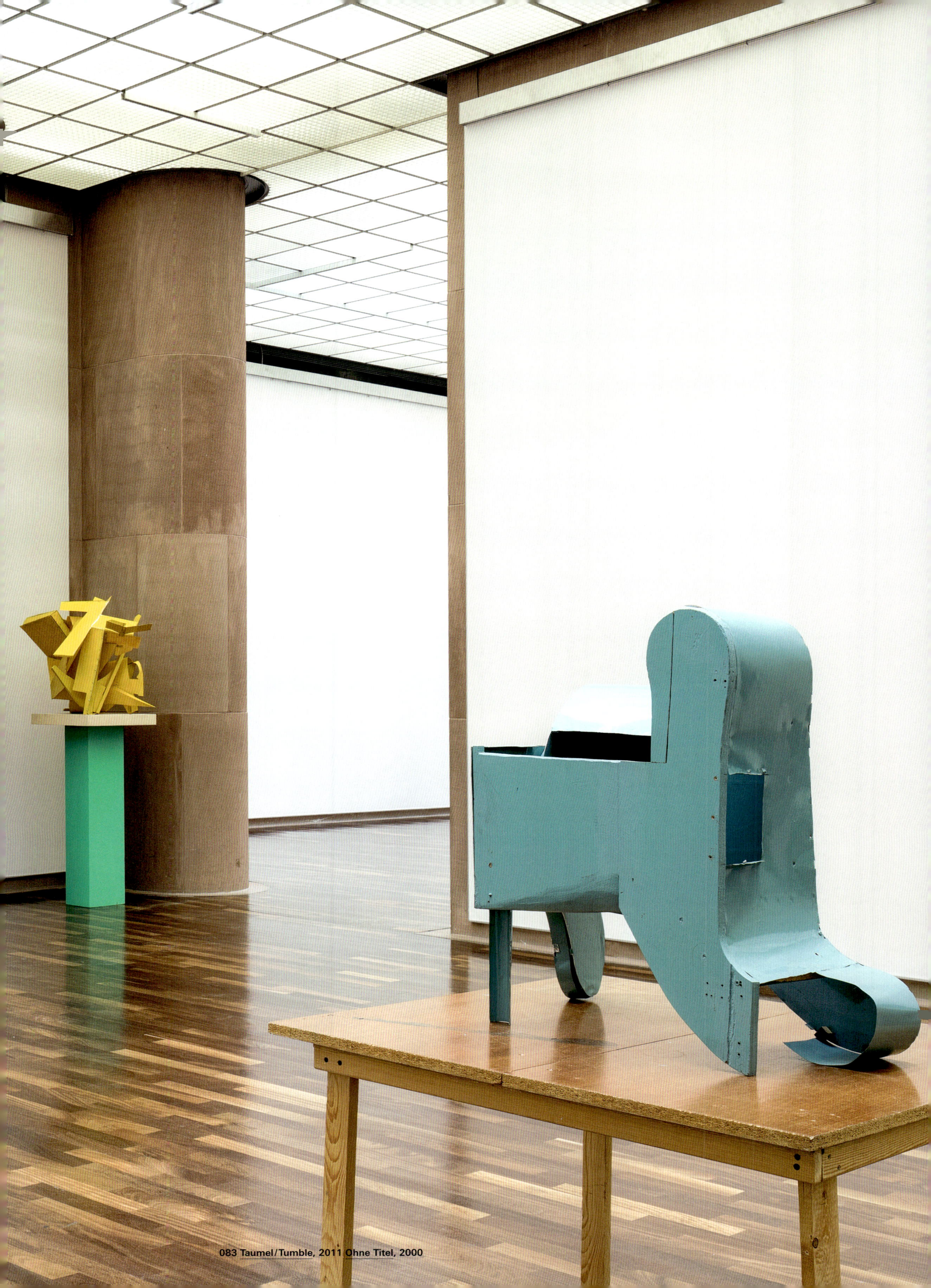

083 Taumel/Tumble, 2011 Ohne Titel, 2000

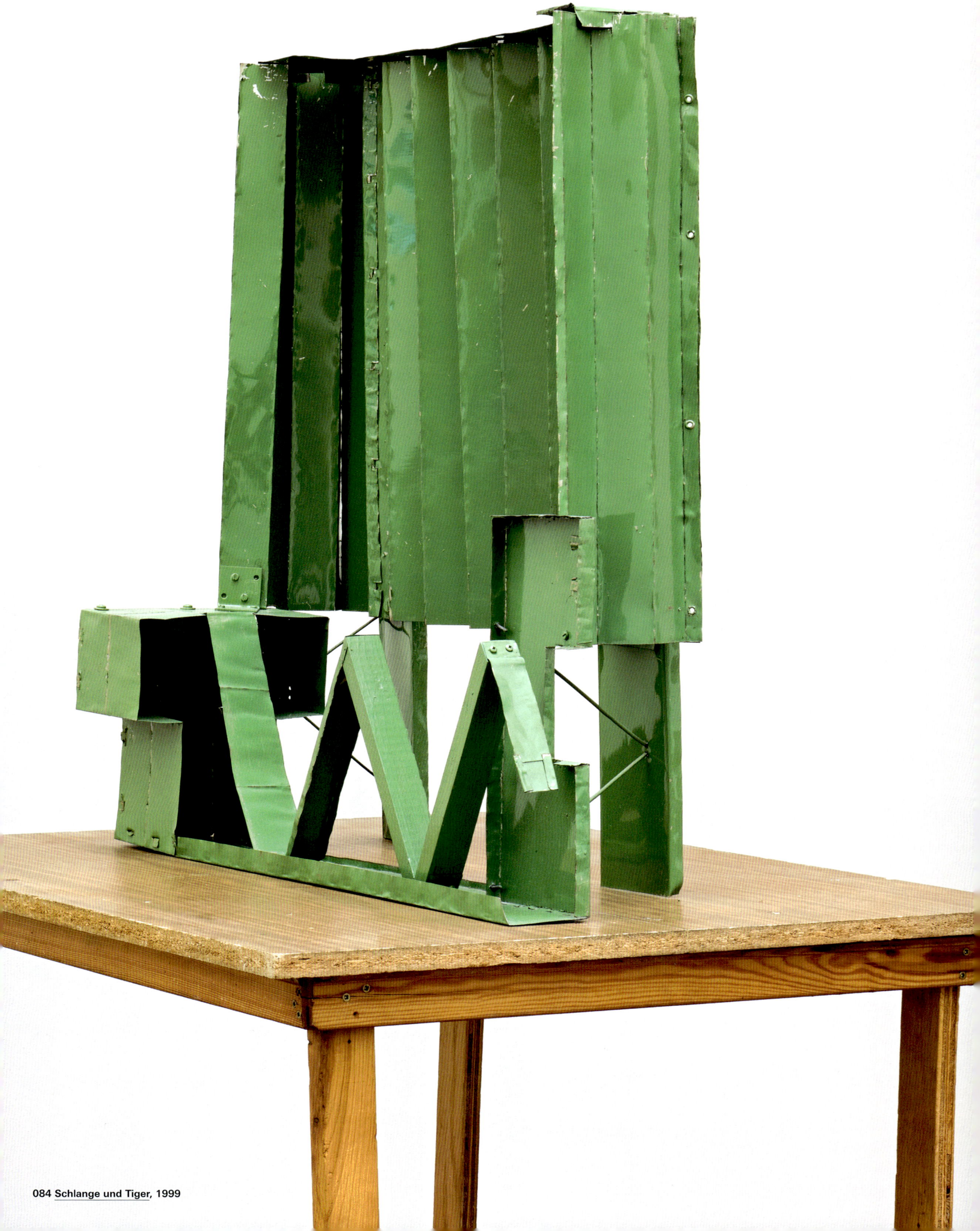

084 Schlange und Tiger, 1999

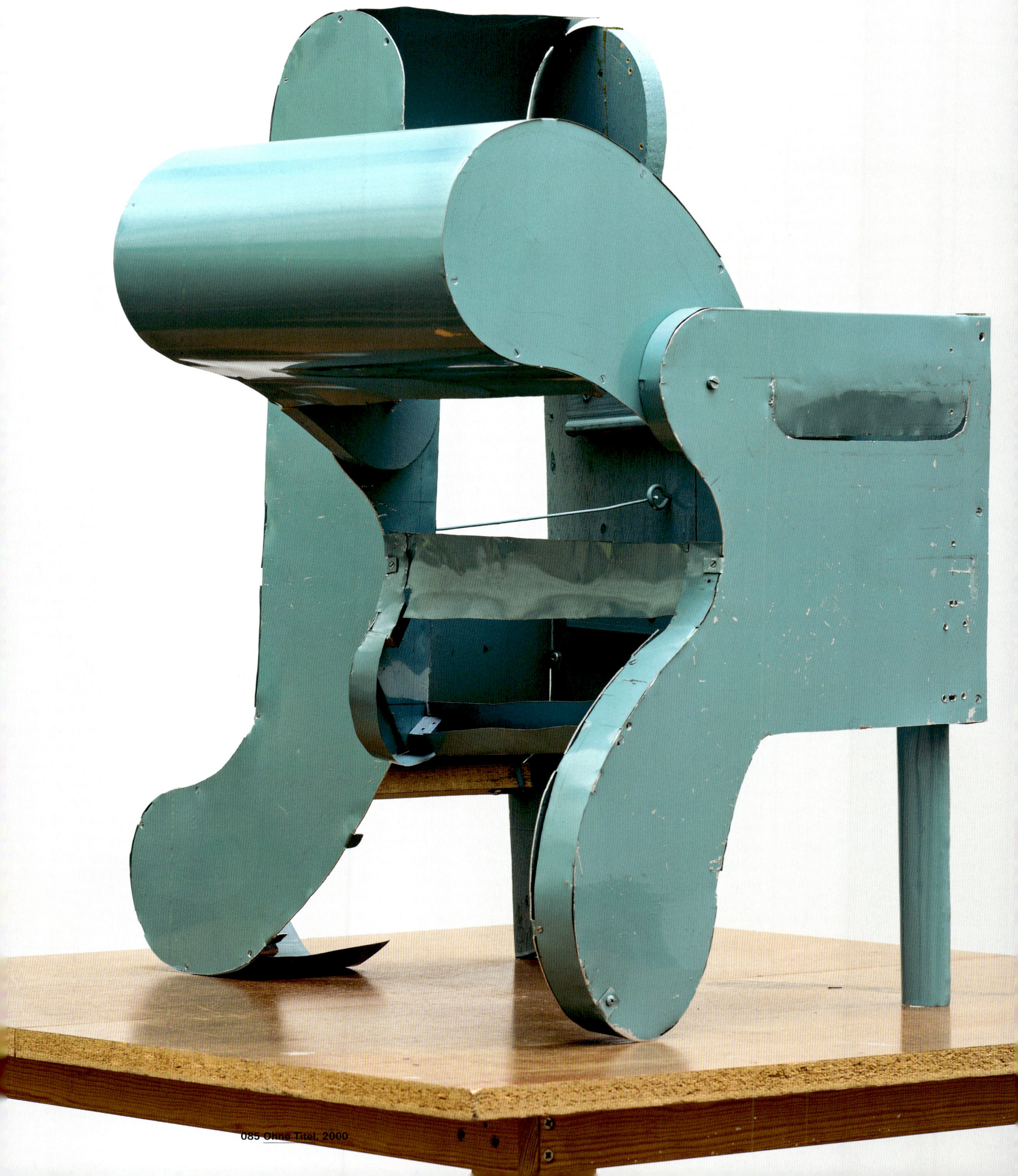

085 Ohne Titel, 2000

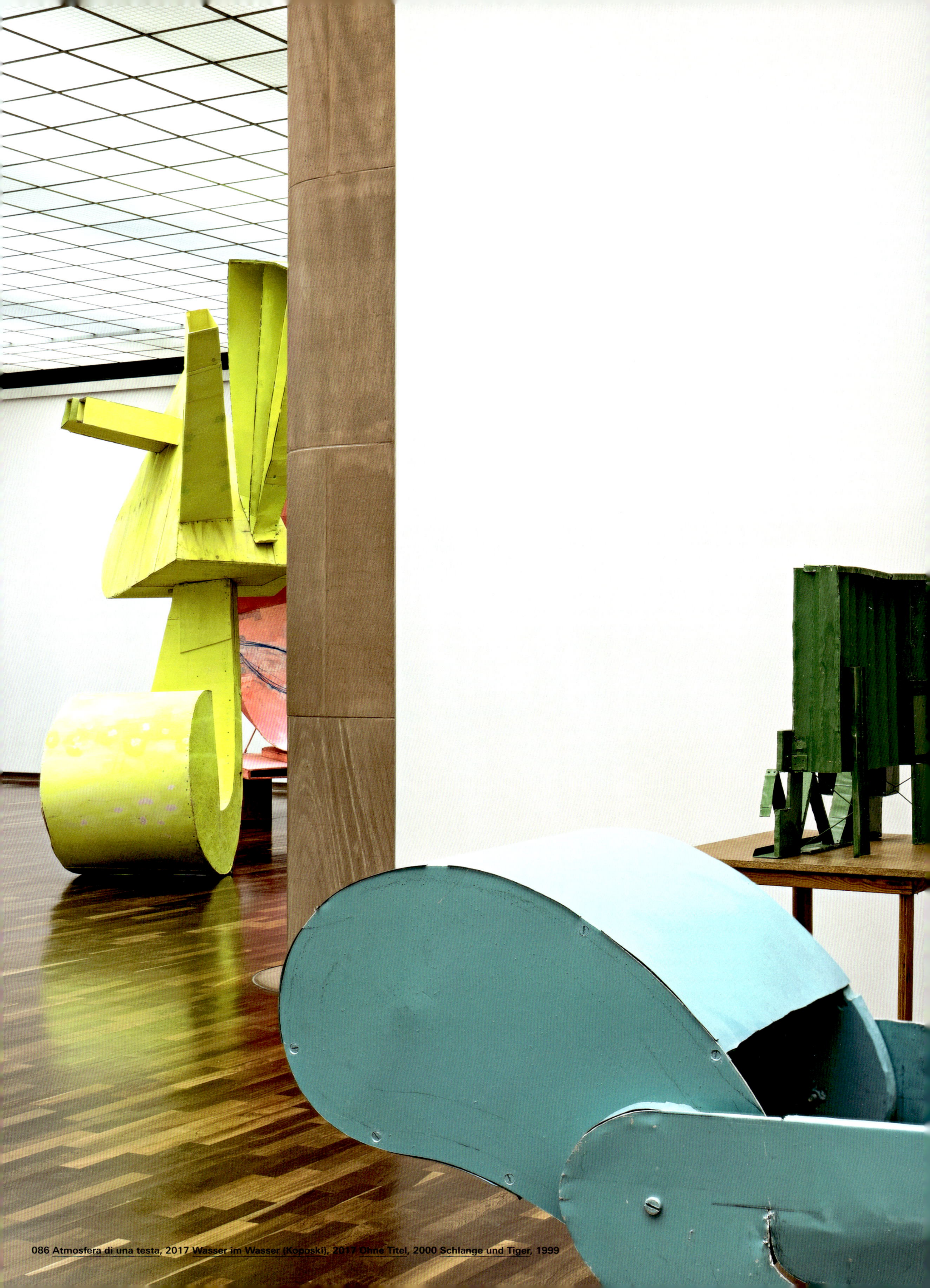

086 Atmosfera di una testa, 2017 Wasser im Wasser (Koposki), 2017 Ohne Titel, 2000 Schlange und Tiger, 1999

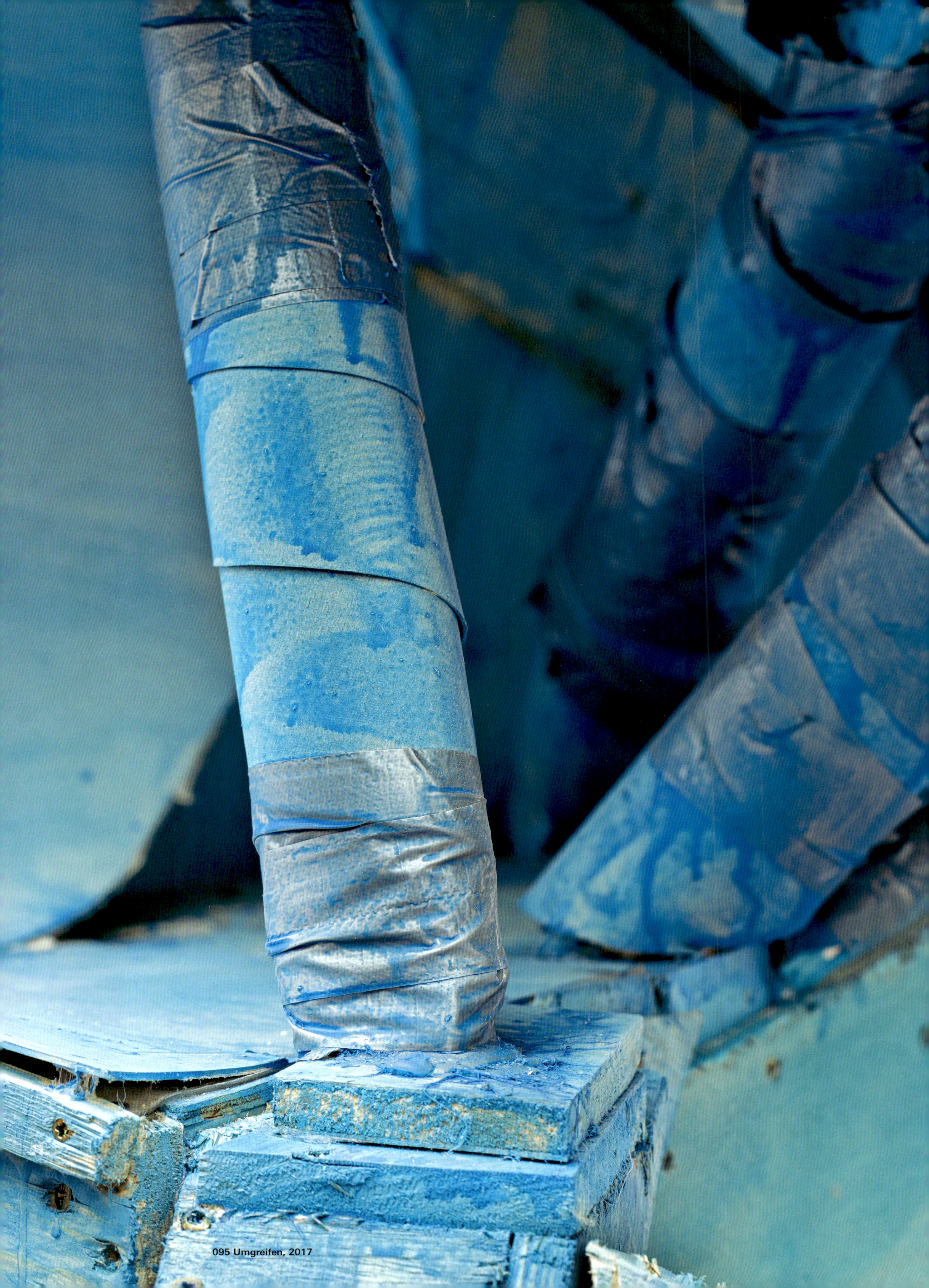

095 Umgreifen, 2017

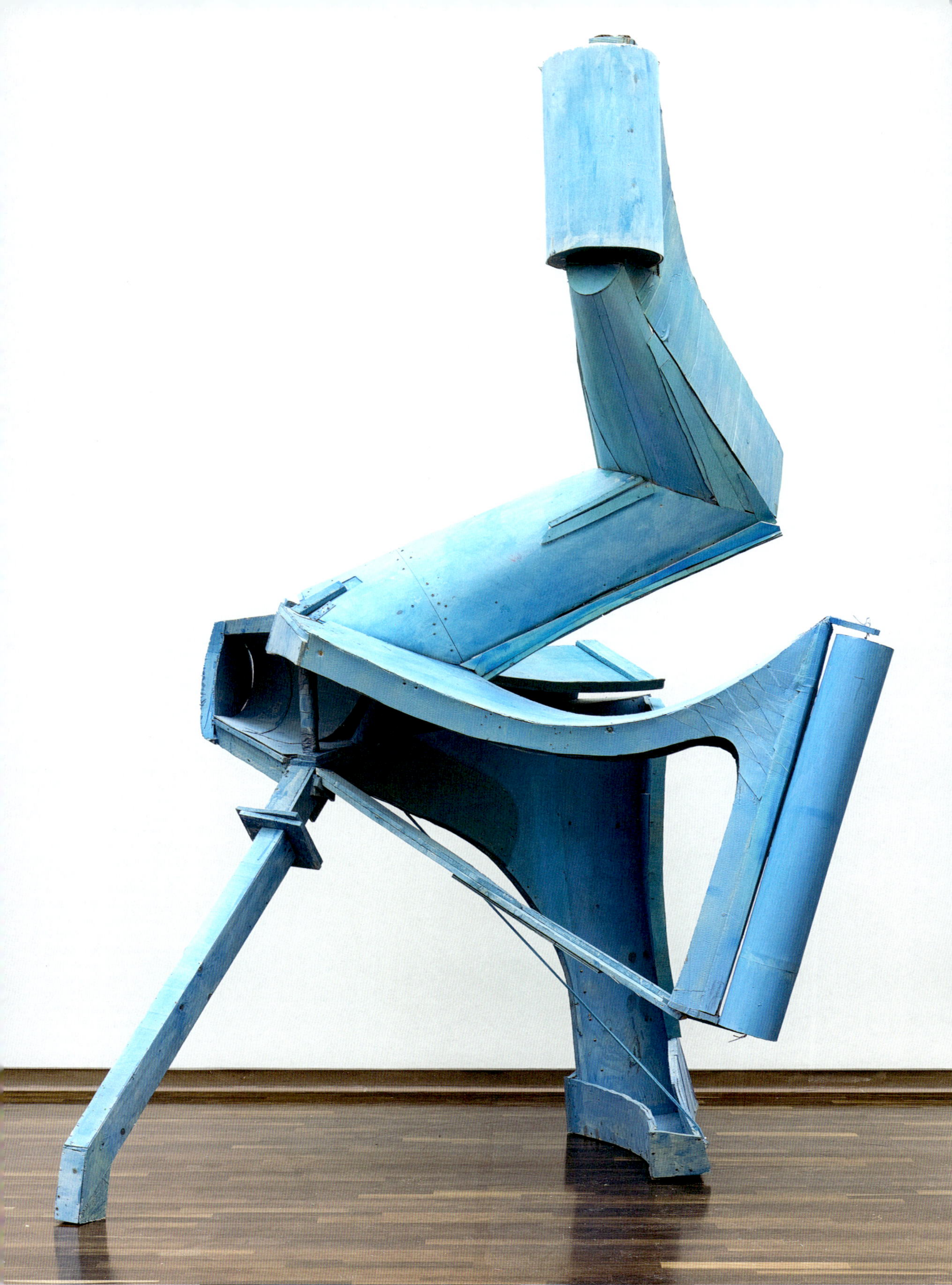

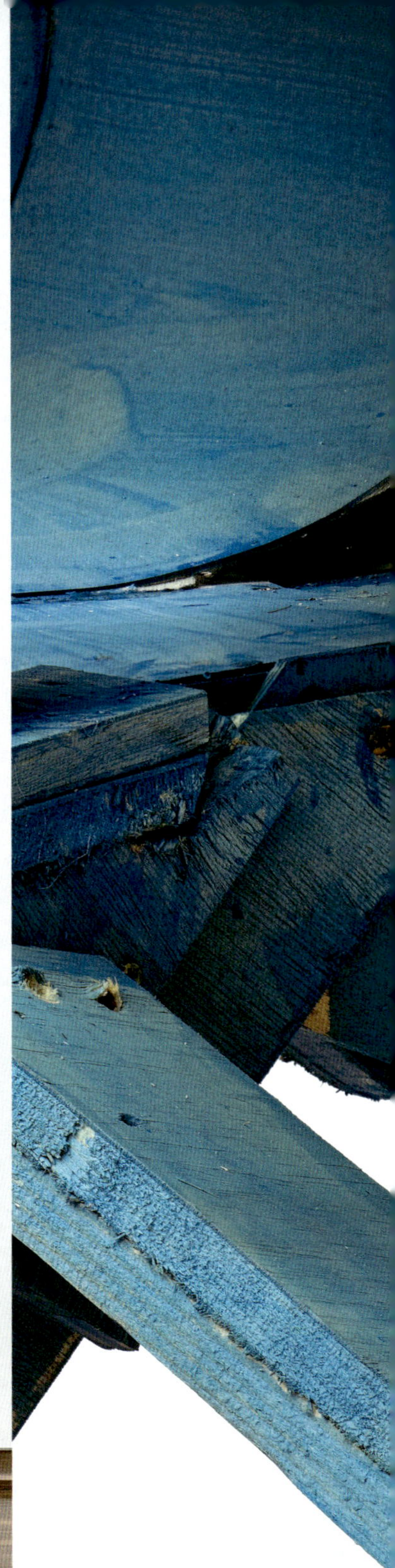

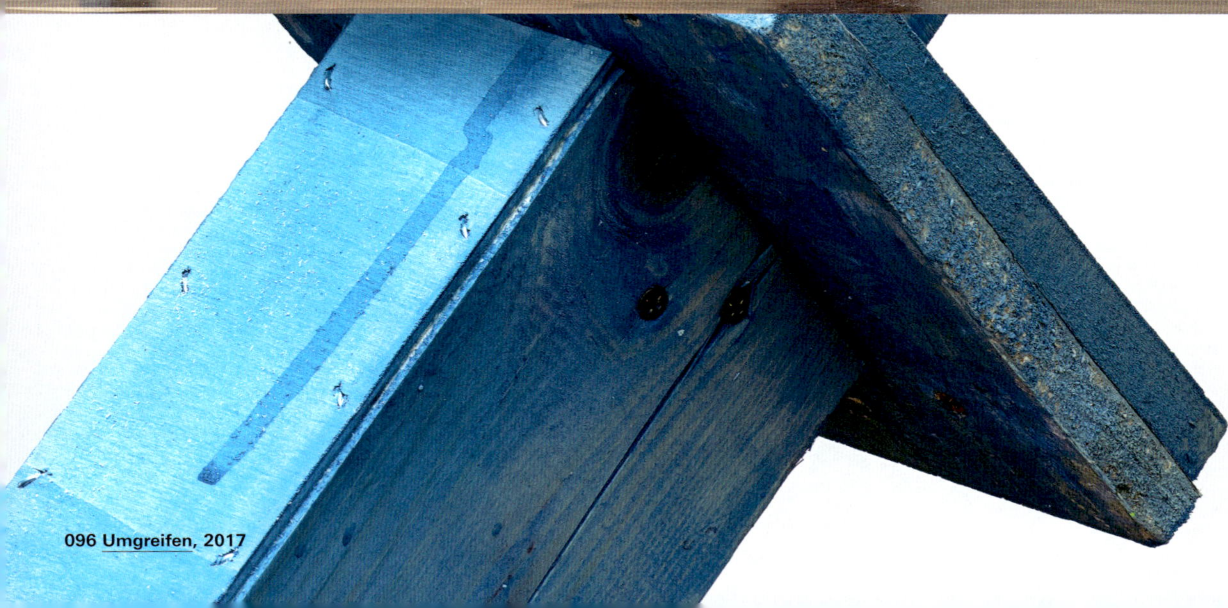

096 Umgreifen, 2017

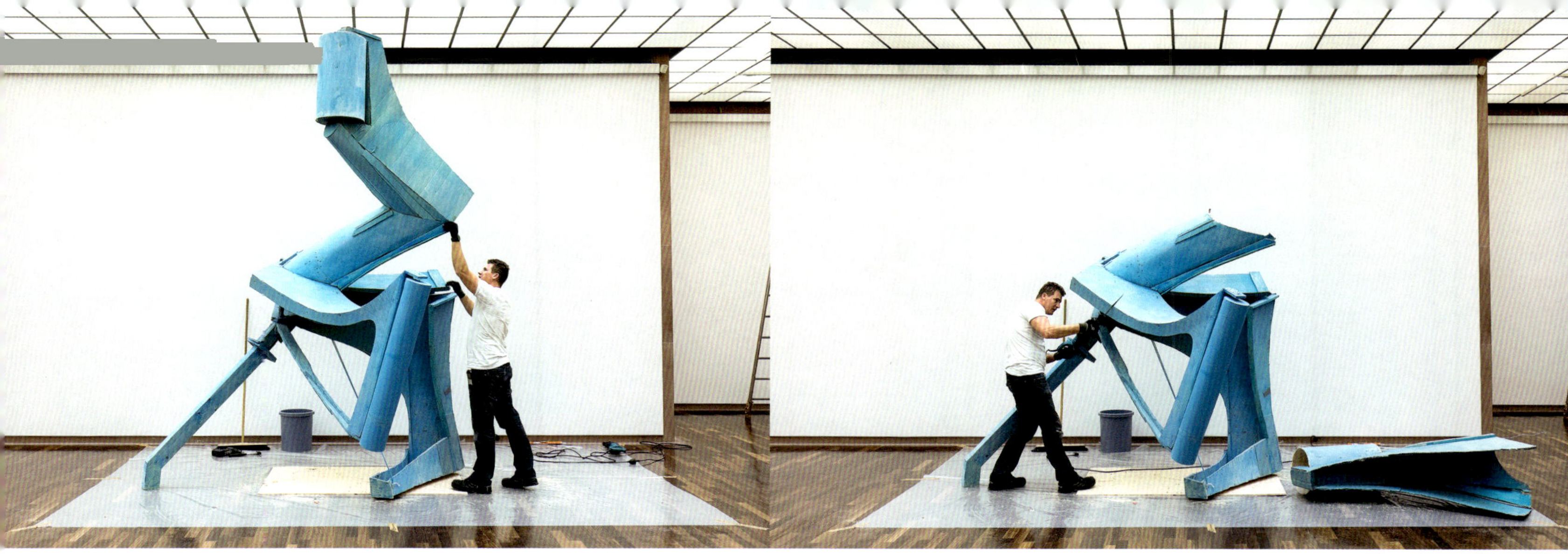

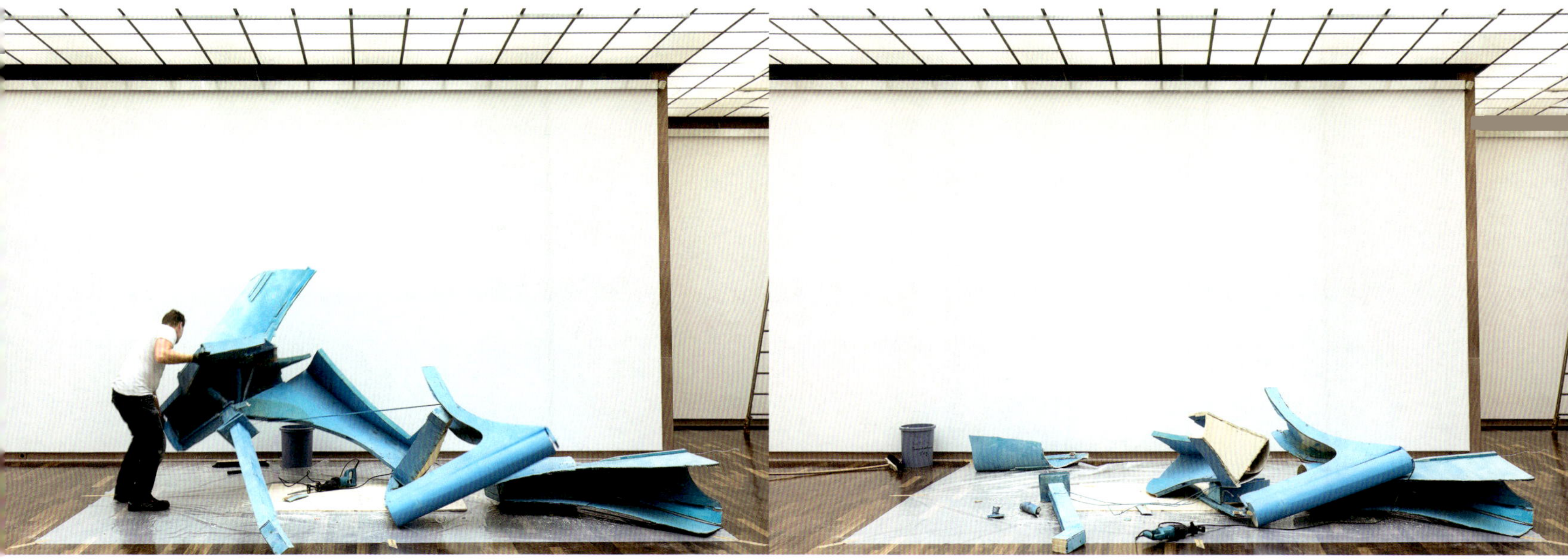

097 Umgreifen, 2017

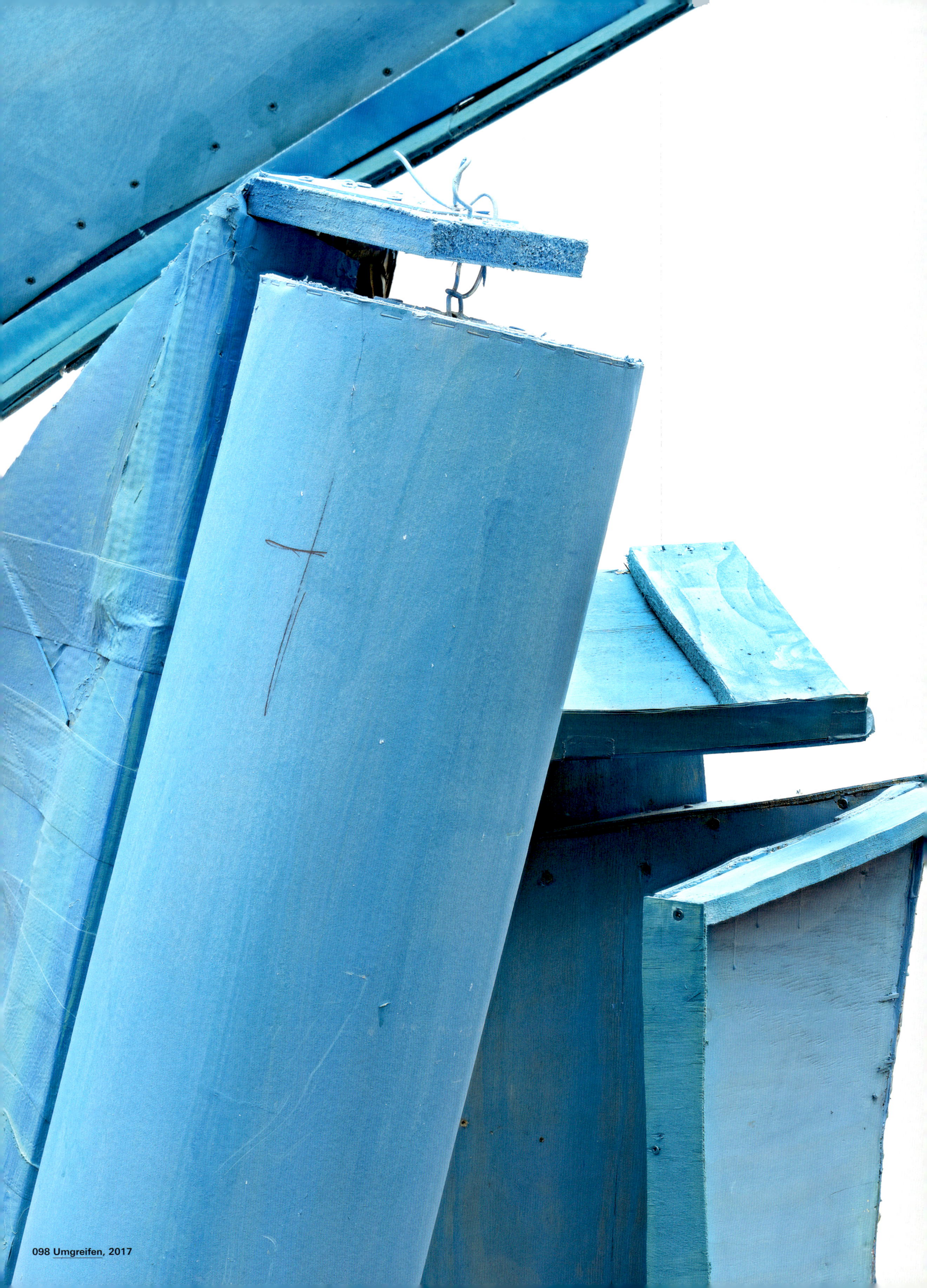

098 Umgreifen, 2017

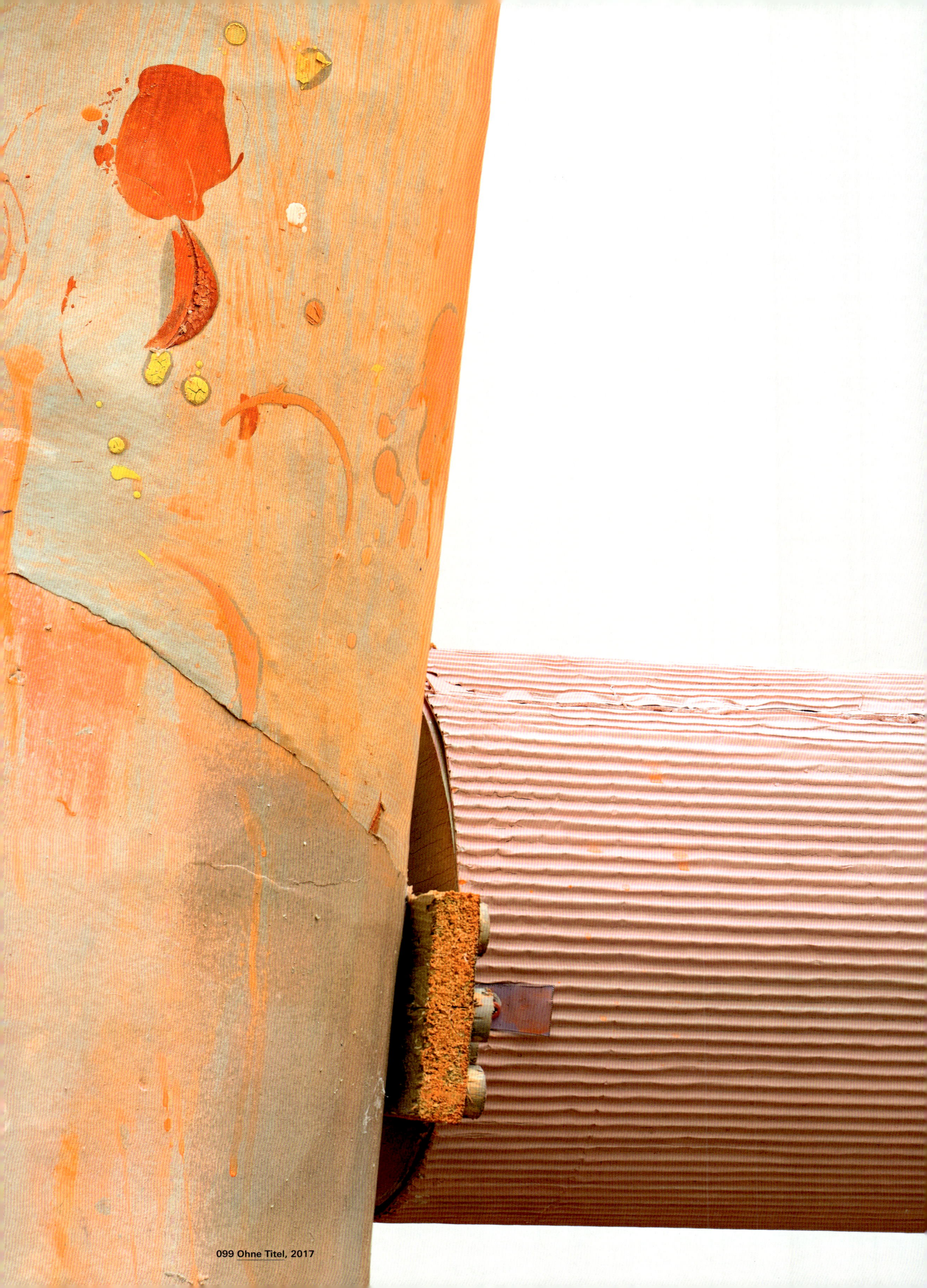

099 Ohne Titel, 2017

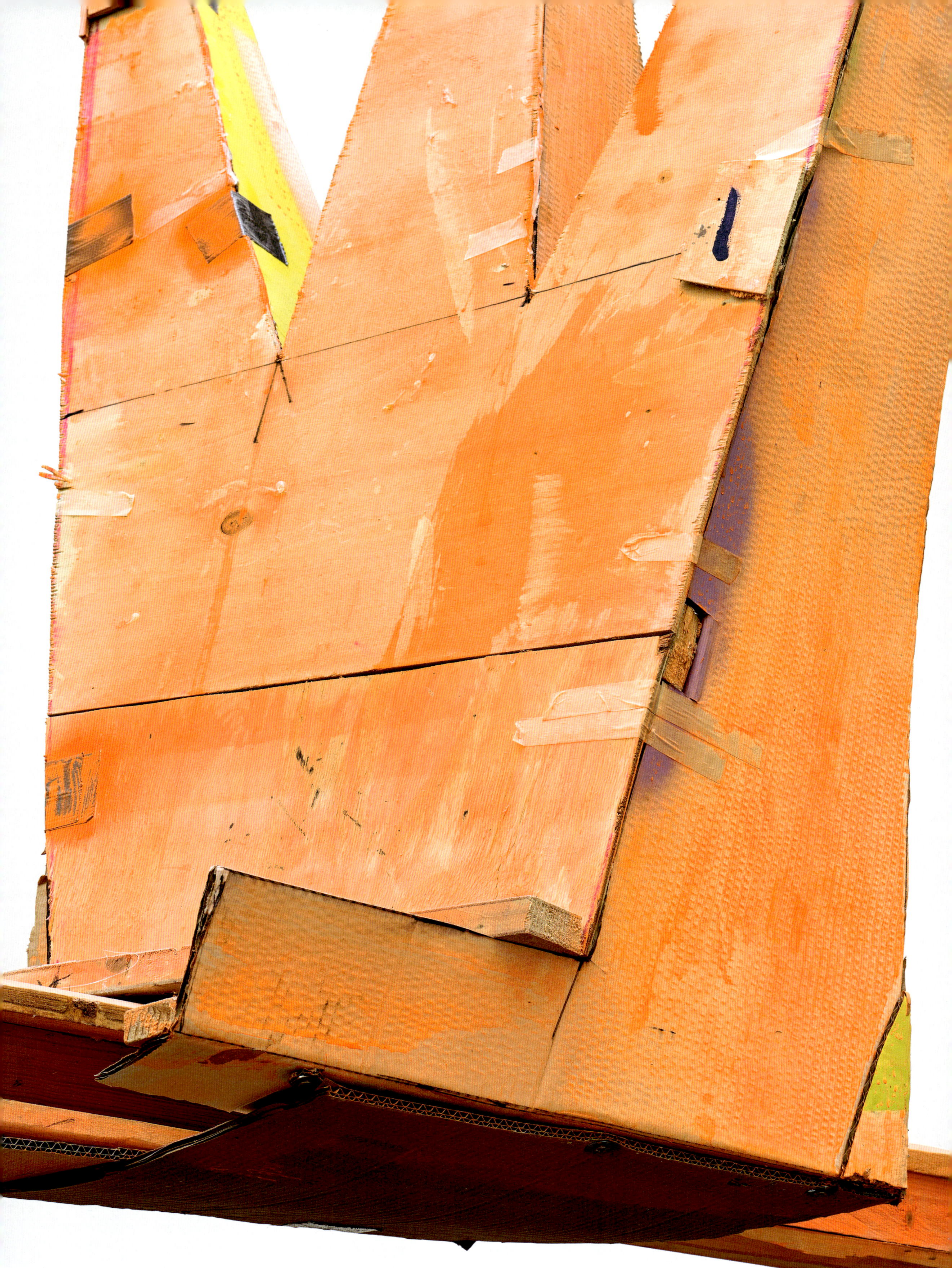

100 Ohne Titel, 2017

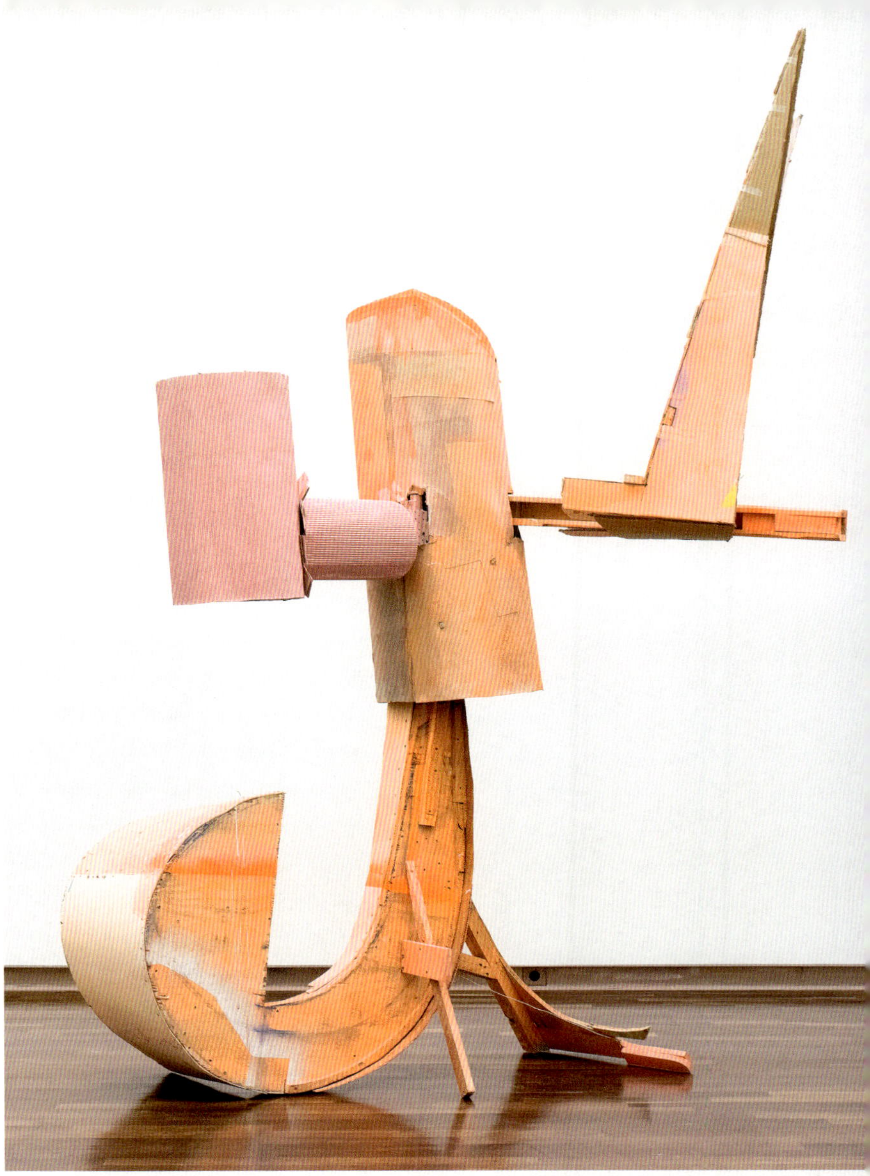

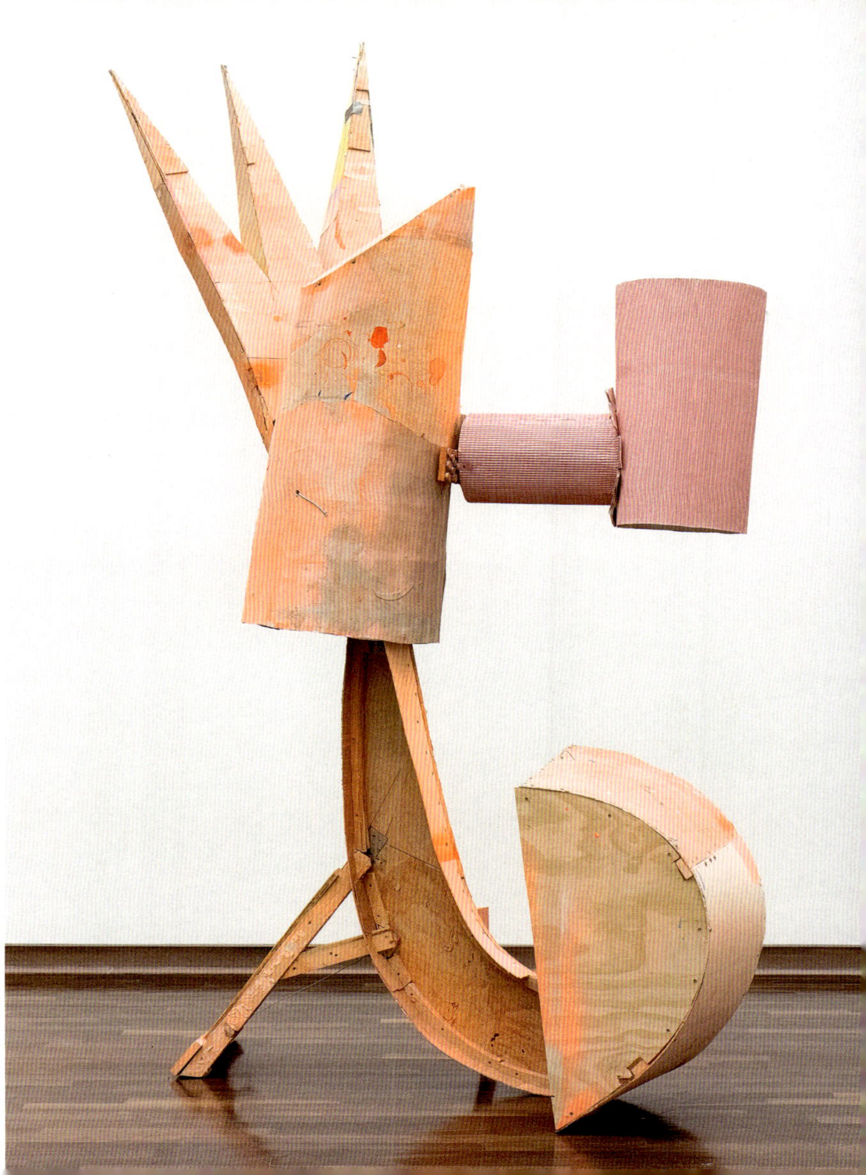

101 Ohne Titel, 2017

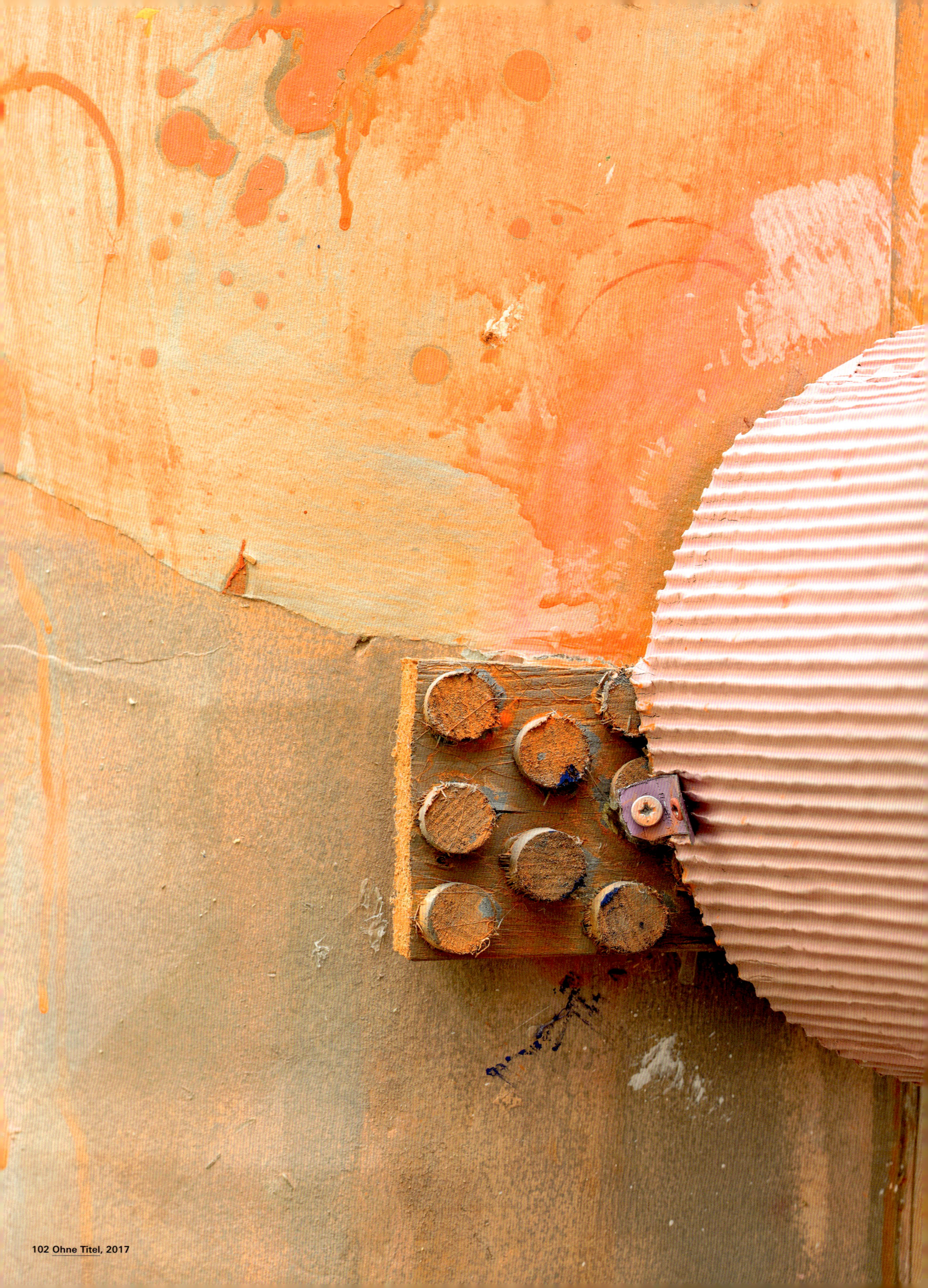

102 Ohne Titel, 2017

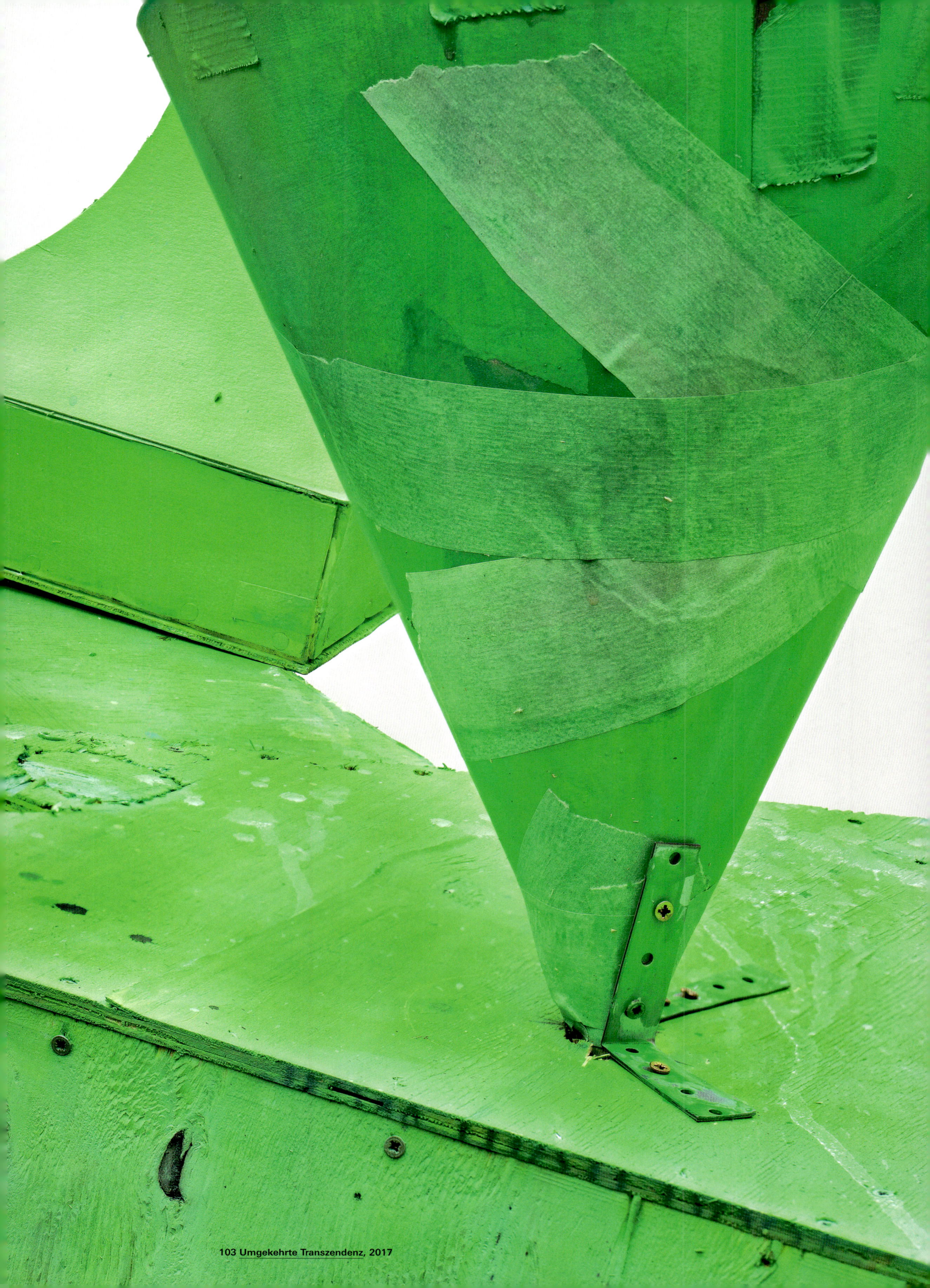

103 Umgekehrte Transzendenz, 2017

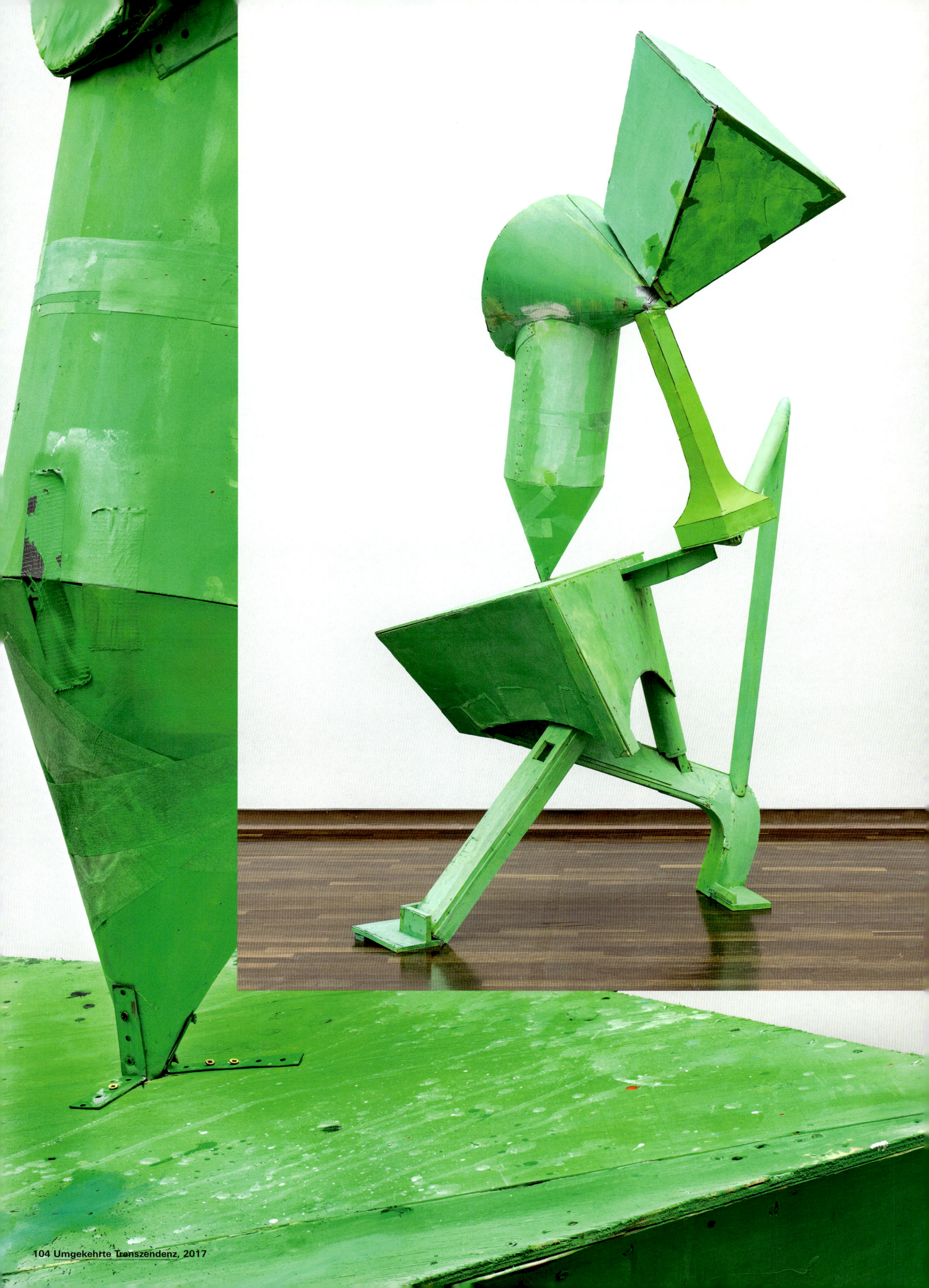

104 Umgekehrte Transzendenz, 2017

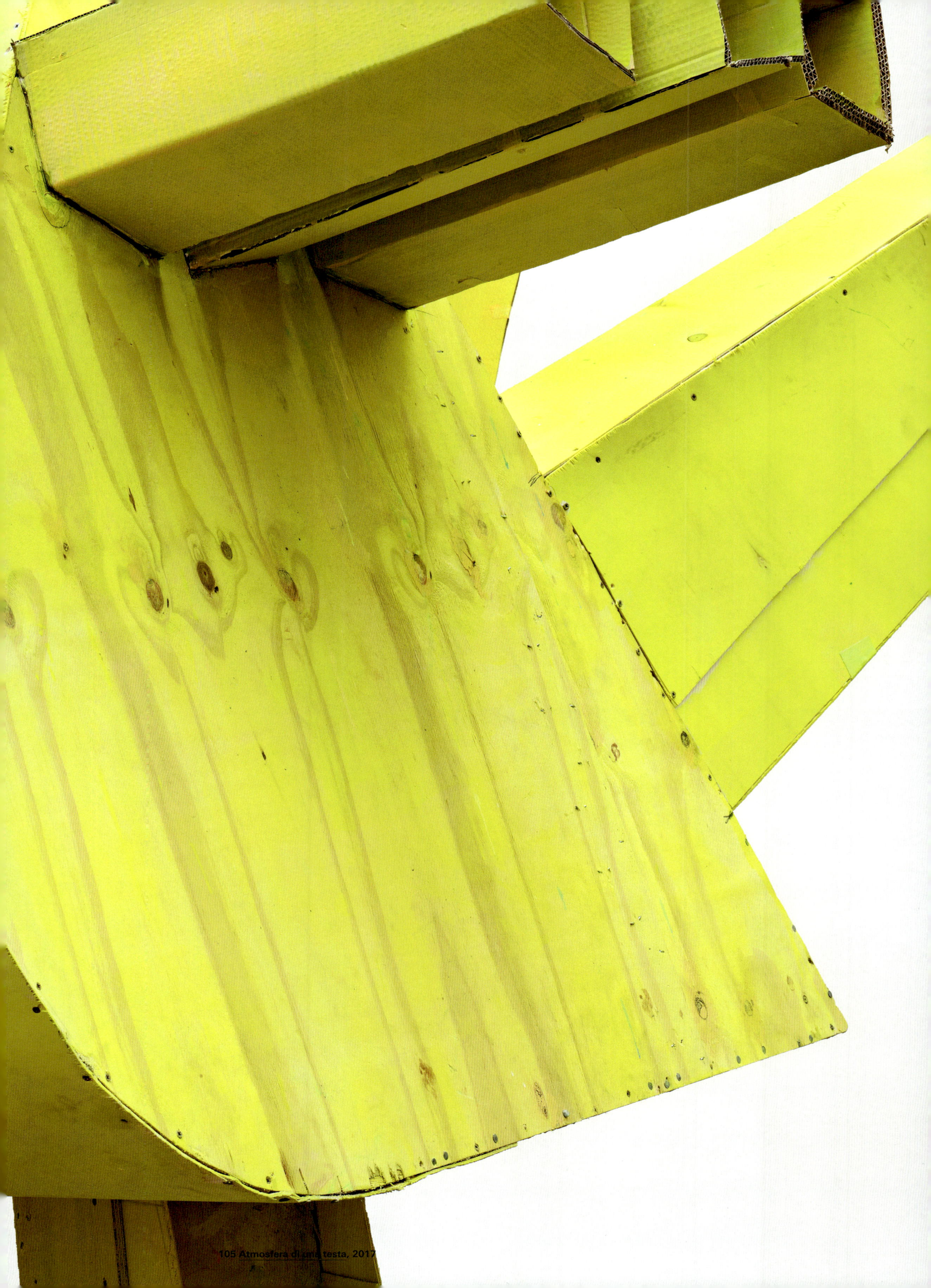

105 Atmosfera di una testa, 2017

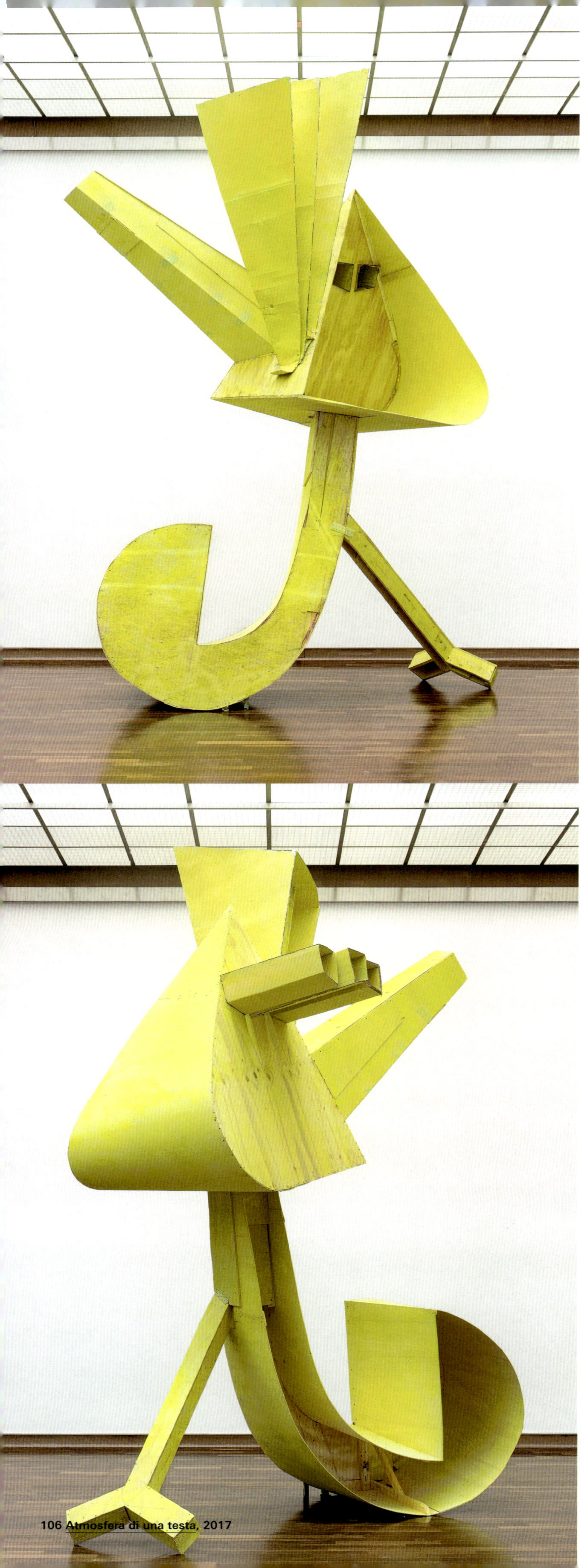

106 Atmosfera di una testa, 2017

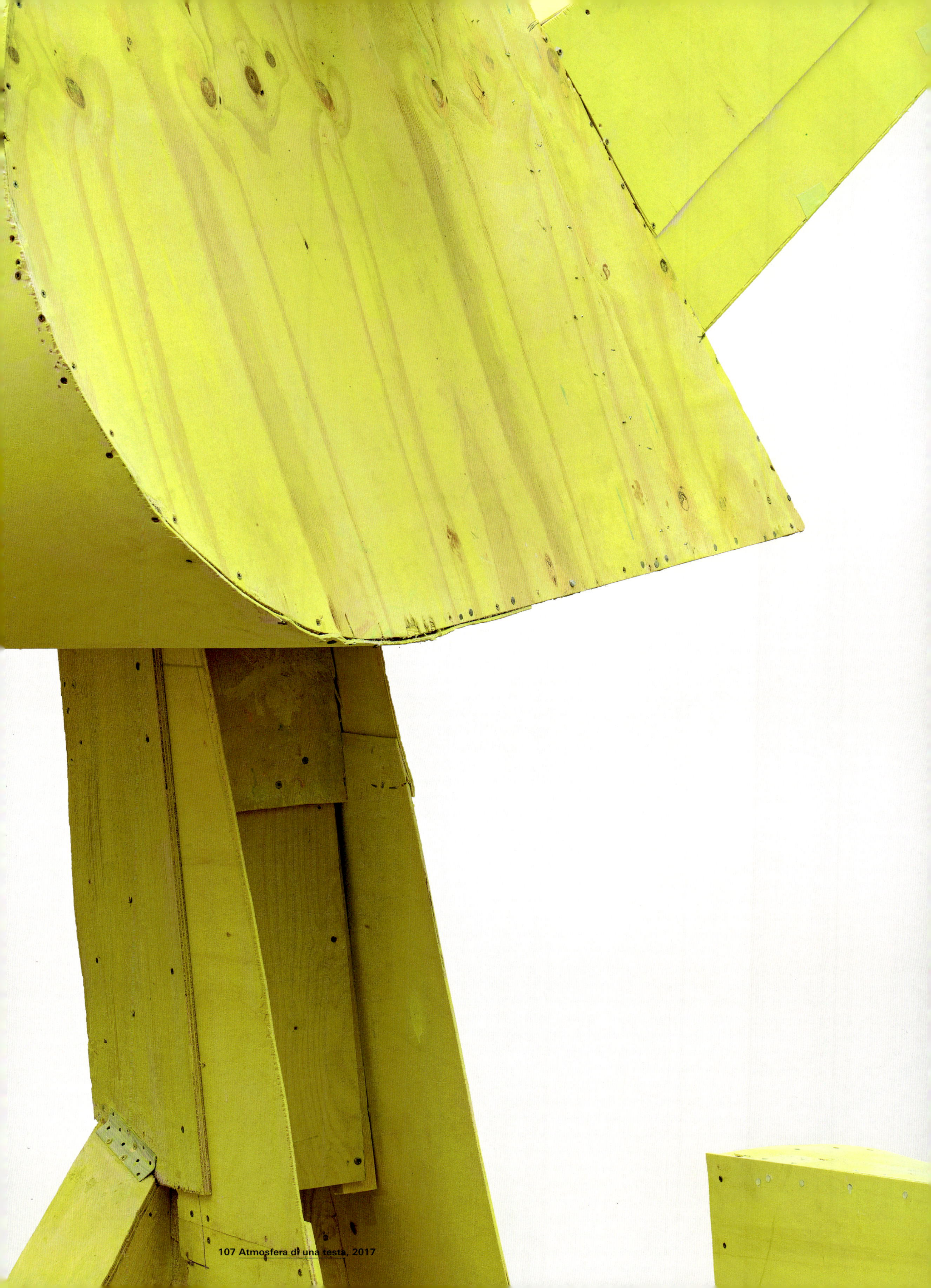

107 Atmosfera di una testa, 2017

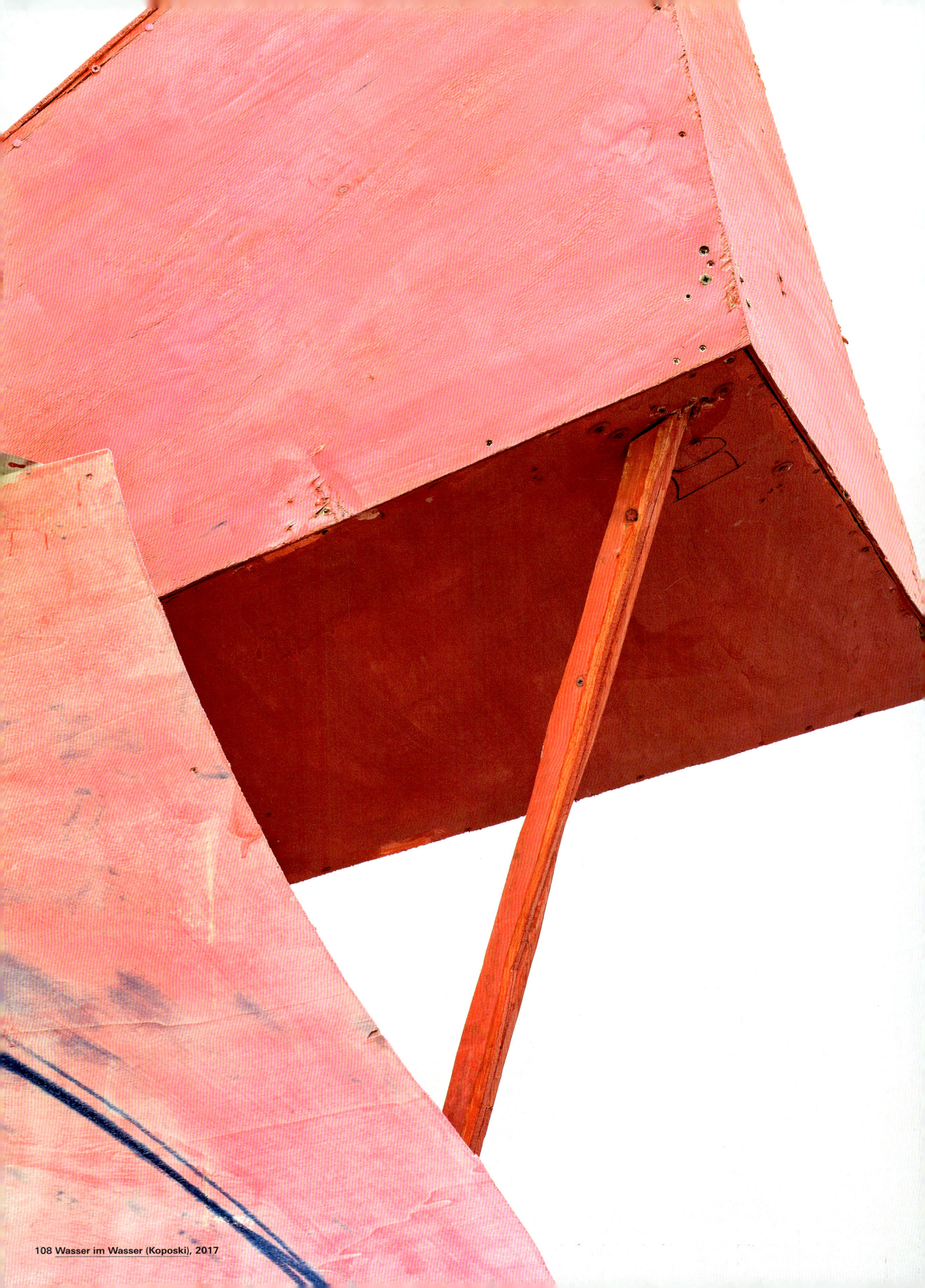

108 Wasser im Wasser (Koposki), 2017